STARK

INTERPRETATIONSHILFE DEUTSCH

Georg Büchner

Leonce und Lena

Interpretiert von Martin Brück

STARK

Bildnachweis
Umschlagfoto: © Steinmetz/Salzburger Festspiele
S. 3, 4: © bpk 1094/48 Büchner, Georg (1813–1837). Einziges Porträt von A. Hoffmann; B3582/01 Wilhelmine Jaeglé (1810–1880), Bleistiftzeichnung: Brustbild, en face
S. 13, 25, 37, 43: © Steinmetz und Rabanus/Salzburger Festspiele
S. 66, 69: © Cornelia Ilius/Staatstheater Darmstadt

Dieser Band wurde nach der neuen Rechtschreibung abgefasst.

ISBN: 3-89449-540-5

D-85318 Freising · Postfach 1852 · Tel. (0 81 61) 1790

Inhalt

Autor: Dr. Martin Brück

Inhalt

Vorwort

Liebe Schülerin, lieber Schüler,

diese Interpretationshilfe stellt Ihnen ein Drama Georg Büchners vor, das lange im Schatten seiner anderen Werke *(Dantons Tod, Woyzeck, Lenz)* stand und in jüngster Zeit durch eine Reihe interessanter Inszenierungen an namhaften Bühnen wieder für das Theater entdeckt worden ist. Dabei konnte das Lustspiel *Leonce und Lena* seine Vielschichtigkeit und Aktualität unter Beweis stellen – Grund genug, sich mit ihm genauer zu beschäftigen und danach zu fragen, was dieses Stück uns heutigen Lesern bzw. Zuschauern zu sagen hat!

Zunächst werden knapp **grundlegende Informationen** (Biografie und Entstehungsgeschichte) vermittelt. Eine **Inhaltsangabe** der drei Akte fasst das innere und äußere Geschehen des Dramas in groben Zügen zusammen. Im Mittelpunkt des Buches steht das Kapitel **Textanalyse und Interpretation**. Hier erfolgt zunächst eine **Charakterisierung der Hauptpersonen**. Eine Erörterung **thematischer Schwerpunkte** soll Orientierungshilfen geben und Perspektiven für eine Interpretation eröffnen. Auf dem Hintergrund der inhaltlichen Aspekte werden die für Interpretationsaufsätze notwendigen **formalen Eigenschaften** des Werks (Aufbau, literarische Form, Figurensprache und Kommunikation) untersucht. Wie eine solche Deutung für den Schulgebrauch aussehen kann, zeigen die Bearbeitungen zweier **Schlüsselstellen**. Im Kapitel **Werk und Wirkung** werden kritische Stimmen zu Büchners Lustspiel, wesentliche Interpretationsrichtungen und zwei neuere Inszenierungen präsentiert.

Dr. Martin Brück

Einleitung

Das Lustspiel *Leonce und Lena* nimmt unter Büchners Dramen eine Außenseiterposition ein. Das zeigt nicht nur die kleine Anzahl literaturwissenschaftlicher Deutungen zu diesem Werk. Auch seine Rezeption auf dem Theater nimmt sich eher bescheiden aus. Im Bereich des Literaturunterrichts an den Schulen stand das Drama bisher eher am Rande des Interesses, das man Georg Büchner ansonsten entgegenbringt. Bemerkenswert ist dagegen, dass es immer wieder den Aufführungen von Schultheater- oder sonstigen Laienspielgruppen als Vorlage dient.

Dies ist kein Zufall, sondern verweist auf ein grundlegendes Vorurteil, das schon kurz nach Büchners Tod eine angemessene Auseinandersetzung mit *Leonce und Lena* verhinderte.

Man begriff das Lustspiel als oberflächliches und verspieltes Werk, mit dem Büchner – zwischen seinen beiden anderen Dramen *Dantons Tod* und *Woyzeck* – eine ‚schöpferische Pause' überbrückte und sich eine kurzzeitige Erholung vom Ernst des Lebens gönnte. Dafür spricht sicherlich einiges, wenn man sich an den groben Handlungsverlauf hält: Die Geschichte von den beiden Königskindern, die sich der vorbestimmten Heirat widersetzen, auf der Flucht einander begegnen, sich verlieben und dann tatsächlich die Ehe eingehen, wirkt in der Tat klischeehaft und trivial. Büchner, so ein weiterer Vorwurf, habe sich bei anderen Autoren bedient und aus verschiedenen Quellen in kurzer Zeit ein ‚eigenes Lustspiel' konstruiert, das in keinem Verhältnis zu seinen sonstigen literarischen Leistungen stehe.

Eine genaue Lektüre, zu der diese Interpretationshilfe anregen möchte, kommt zu ganz anderen Ergebnissen. Sie kann Gründe aufzeigen, warum es sich für junge Leser und insbesondere im

Literaturunterricht lohnt, auch diesem Werk Büchners besondere Aufmerksamkeit zu schenken. Büchners Hauptfiguren sind allesamt Außenseiter, die ihren Platz in der Welt suchen und sich dabei selbst zum Problem werden, weil sie sich aus ganz unterschiedlichen Motiven mit den gegebenen Verhältnissen nicht abfinden wollen oder können.

In *Leonce und Lena* verbindet sich diese Konstellation mit einem vor allem für junge Menschen charakteristischen Lebensgefühl: einer Stimmung der Langeweile angesichts des täglichen Einerlei und der ‚mechanisch' ablaufenden Konventionen, welche die Gesellschaft zusammenhalten. Zugleich entsteht der Wunsch, diese Zwänge durch ironische Distanz und Verweigerung von Rollenangeboten zu umgehen und die Grenzen der eigenen, auf die Dauer ebenso ‚langweiligen' Person in ekstatischen Zuständen – Fantasie, Traum und Rausch – zu überschreiten. Aus dieser Perspektive betrachtet sind Prinz Leonce und Prinzessin Lena dem heutigen Leser vielleicht näher als der Revolutionär Danton oder Woyzeck, der ‚arme Teufel' und Mörder seiner Geliebten.

Schließlich kann eine Beschäftigung mit dem Lustspiel dazu beitragen, den Autor besser kennen zu lernen. Selbst ein so dynamischer und vielseitiger Mensch wie Büchner läuft Gefahr, zu einem ‚literarischen Monument' zu erstarren. ‚Revolutionär – Dichter – Wissenschaftler': Diese Charakterisierung durch Leitbegriffe wird Büchner sicher gerecht. Doch bei aller Ernsthaftigkeit seiner Aktivitäten und Ziele waren Ironie und Witz für ihn unverzichtbare Ausdrucksmittel, ja oftmals ‚Waffen' im politischen Kampf. Sie waren immer eine Möglichkeit, schwer erträgliche Zustände im befreienden Lachen auf Abstand zu halten. Auch darum ist *Leonce und Lena* kein ‚Nebenwerk'. Das Drama führt vielmehr ins Zentrum der Biografie Büchners wie auch der literarischen und historischen Epoche und ist nicht zuletzt eine der wenigen gelungenen Komödien der deutschen Literatur.

Biografie und Entstehungsgeschichte

Biografische Hintergründe

Georg Büchner (1813–1837)

Wie so oft im Falle von Schriftstellerbiografien war der Einfluss der Eltern auf Büchners Entwicklung und geistige Orientierung entscheidend. Der Vater, Ernst Karl Büchner (1786–1861), war Naturwissenschaftler und machte eine Karriere als Arzt, die ihn von Büchners Geburtsort Goddelau (Hessen-Darmstadt) nach Darmstadt führte. Caroline Louise Reuß (1791–1858), die Mutter, kam aus einer pfälzischen Beamtenfamilie.

Der am 17. Oktober 1813 geborene Büchner erhielt zunächst Privatunterricht durch seine Mutter und wechselte nach dreijährigem Vorschulunterricht 1825 auf das Humanistische Gymnasium Darmstadt über, wo er am 30. 3. 1831 die Reifeprüfung ablegte. Er galt insgesamt als guter Schüler, doch wider Erwarten liegen seine Schwerpunkte nicht im sprachlichen, sondern im naturwissenschaftlichen Bereich. Als Ausgleich widmete er sich bald eigenen Interessengebieten und suchte die Auseinandersetzung mit Autoren der Weltliteratur (von Homer über Shakespeare bis Schiller).

Wie erhaltene Aufsätze und Reden des Schülers zeigen, gelangte er über die Philosophie schon bald zu politischen und existenziellen Themen wie ‚Freiheit' und ‚Selbstmord', die sogar in seine Abitur-Abschlussrede (1831) eingingen, hier allerdings noch ohne direkten Zeitbezug, sondern im Hinblick auf Gestalten der römischen Antike. Das änderte sich sehr schnell mit dem Beginn des Universitätsstudiums in Straßburg, für das sich Büchner zum Herbst 1831 an der Medizinischen Fakultät einschrieb.

Der Ortswechsel bedeutete für ihn eine Befreiung aus der geistigen Enge und provinziellen Beschränktheit des deutschen Kleinstaatenabsolutismus. Besonderen Argwohn aufseiten der Herrschenden erregten seit der Gründung des Deutschen Bundes (1815) die Burschenschaften, in denen vorwiegend linksliberale und demokratisch-revolutionär gesinnte Studenten organisiert waren. In der Straßburger Burschenschaft Eugenia, die auch die Vorgänge in Deutschland (u. a. die erste demokratische Massenversammlung auf Schloss Hambach, 27.–29. Mai 1832) kritisch beobachtete, fand Büchner zunächst liberale Mitstreiter. Wie sich aber schon hier zeigte, war er weitaus radikaler in seinen sozialen und politischen Ansichten.

Diese Meinungsverschiedenheiten traten in der hessischen Universitätsstadt Gießen, wo Büchner nach Ablauf der französischen Aufenthaltsgenehmigung sein Studium abschließen musste, noch deutlicher in den Vordergrund. Er entfremdete sich seinen Kommilitonen und erweckte bei ihnen den Eindruck der Arroganz. Bis zu seinen Eltern drang dies vor, bei denen er sich in der Folgezeit immer wieder brieflich für sein Verhalten und seine politischen Ansichten zu rechtfertigen versuchte – höchst selbstbewusst allerdings und ohne Konfrontationen zu scheuen.

Gießen bedeutete für ihn in erster Linie aber eine räumliche Trennung von Minna Jaeglé, der Tochter eines Straßburger Pfarrers, bei dem er durch Vermittlung der Eltern Unterkunft gefunden hatte. Mit ihr verlobte er sich noch vor seiner Abreise nach Gießen. Ein Besuch in Straßburg im darauf folgenden Jahr (1834) galt aber nicht nur der Braut, sondern der Kontakt-

Minna Jaeglé, Büchners Verlobte

aufnahme mit der Straßburger Sektion der französischen ‚Societé des droits de l'homme et du citoyen', einer Vereinigung frühsozialistischer Strömungen, deren politische Agitationsarbeit Büchners eigenen Vorstellungen weit mehr entsprach als die ‚gemütliche' Ideologie der liberalen Gießener Studenten. In Anlehnung an die Societé gründete er 1834 zusammen mit einem harten Kern von acht Mitstreitern die Darmstädter Sektion seiner ‚Gesellschaft der Menschenrechte'.

In Deutschland nahm Büchner alsbald Kontakt zum politischen Zirkel des Rektors Friedrich Ludwig Weidig (1791–1837) auf. Der Tatsache, dass Weidig über Druckmöglichkeiten für illegale politische Flugblätter verfügte, verdanken wir Büchners Schrift *Der Hessische Landbote* mit ihren berühmt gewordenen Parolen: „Friede den Hütten! – Krieg den Palästen!" In diesem politisch-sozialen Manifest versuchte Büchner der ‚großen Masse', also den Bauern, die Augen über die Ursachen ihrer elenden materiellen Situation zu öffnen. Dass Weidig allerdings Büchners Argumentation vor der Drucklegung an einigen Stellen entschärfte, verstimmte den Verfasser – wiederum musste er sich als Einzelkämpfer betrachten. Die Streitigkeiten spielten indes keine Rolle mehr, als die *Landboten*-Aktion durch einen in die Gruppe eingeschleusten Polizeispitzel verraten wurde und entsprechende Konsequenzen nach sich zog: Verhaftungen, Entlassung aus dem Dienst (Weidig), Vorladungen und Wohnungsdurchsuchungen (Büchner). Der Verfasser des *Landboten* kam zunächst noch glimpflich davon, zog sich zu den Eltern nach Darmstadt zurück und agierte dort im Verborgenen weiter.

Büchners rasche Abfassung des Dramas *Dantons Tod* (1835) – er stellte es in fünf Wochen fertig – war überschattet von Gedanken an die Notwendigkeit einer raschen Flucht aus Deutschland wegen ständiger Verhaftungen in seinem Freundes- und Bekanntenkreis. Das dringend benötigte Honorar für einen Vorabdruck des *Danton* erreichte ihn nicht mehr, da er sich seit dem 5. März bereits auf der Flucht befand und vier Tage später die Grenze nach Frankreich überschritt. Seine Eltern waren zu diesem Zeitpunkt noch völlig ahnungslos. Der volle Ernst der Lage wird ihnen spätestens am 18. Juni bewusst geworden sein, als Büchners Steckbrief im *Frankfurter Journal* erschien. Straßburg, wo er wieder im Hause Jaeglé wohnte, wurde für Büchner zum politischen Exil.

Im Jahr 1836 erfolgte nicht nur die Niederschrift von *Leonce und Lena,* sondern Büchner promovierte im gleichen Zeitraum mit einer Arbeit über das Nervensystem der Fische an der Züricher Hochschule. Dort scheiterte die erhoffte Anstellung zunächst, da nun auch in der Schweiz verstärkt gegen emigrierte Patrioten und Demokraten aus Deutschland vorgegangen wurde. Eine Verweigerung der Einreise wollte Büchner nicht riskieren. Deshalb blieb er zunächst in Straßburg. Ab September beschäftigte er sich mit seinem letzten Drama *Woyzeck.*

Im Herbst 1836 gelang Büchner durch Vermittlung des Züricher Bürgermeisters schließlich die Übersiedlung in die Schweiz. Inzwischen zum Doktor der Medizin promoviert, konnte er im November eine Probevorlesung halten und mit dem Unterricht beginnen. Seine bürgerliche Karriere ermöglichte die Aussöhnung mit den Eltern, insbesondere mit Büchners Vater, zu dem der Kontakt seit der Flucht aus Deutschland abgebrochen war. Die nach wie vor in Straßburg lebende Minna Jaeglé unterhielt stets einen regen Briefwechsel mit dem Verlobten. Ihr berichtete er im Januar 1837 von einer ‚Erkältung', die sich als Typhusinfektion herausstellte und Büchner das Leben kostete. Von emigrierten deutschen Freunden gepflegt, verbrachte er wenige Wochen auf dem Krankenlager und starb am 19. Februar 1838 im Alter von 23 Jahren.

Entstehungsgeschichte

Im Unterschied zu den anderen Werken Büchners war es ein äußerer und datierbarer Anlass, der zur Niederschrift von *Leonce und Lena* führte. Am 16. Januar 1836 erfolgte ein Preisausschreiben durch die Cotta'sche Verlagsbuchhandlung, die „das beste ein- und zweiaktige Lustspiel in Vers oder Prosa" suchte. Für Büchner war, wenn man seine Situation zu diesem Zeitpunkt bedenkt, die ausgesetzte Preissumme von 300 Gulden Rheinischer Währung von besonderer Attraktivität. Am 1. Juni beklagte er sich brieflich bei einem Freund über die lästige Laborarbeit, die ihn vom Dichten abhalte, und teilte ihm deshalb mit, er wolle „in den nächsten 6 bis 8 Wochen" seine „großen weißen Papierbogen ...voll schmieren"[1], um damit etwas Geld zu machen. Die zeitliche Kalkulation erscheint verwirrend, war doch – nach einer Verlängerung – die Abgabefrist vom Verlag endgültig auf den 1. Juli festgesetzt worden. Diese Unklarheit lässt sich nicht auflösen und verweist unter Umständen auf Büchners Überlastung mit mehreren Projekten, von seinen sonstigen Problemen ganz zu schweigen (vgl. *Interpretationshilfe,* S. 6). Das Stück konnte jedenfalls aufgrund verspäteter Einsendung bei der Preisvergabe nicht berücksichtigt werden. Bei realistischer Betrachtung hätte es wohl auch keine Chance auf einen Preis gehabt, war doch der Vorsitzende der Jury jener konservative Literaturkritiker Wolfgang Menzel, der einen regelrechten Feldzug gegen oppositionelle Schriftsteller führte; insbesondere gegen die Gruppe ‚Junges Deutschland', der Büchner zwar nicht offiziell angehörte, zu der er aber gerechnet wurde.

Büchner erhielt im September das ungeöffnete Manuskript seines Dramas aus Stuttgart zurück und arbeitete in den folgenden Monaten weiter daran. Er sei „gerade dabei, sich einige Menschen auf dem Papier todtschlagen oder verheirathen zu lassen“, schrieb er an den Bruder Wilhelm und teilte wenig später den Eltern mit, er habe „seine Dramen noch nicht aus den Händen gegeben, ich bin auch noch mit Manchem unzufrieden … Das sind Arbeiten mit denen man nicht zu einer bestimmten Zeit fertig werden kann, wie der Schneider mit seinem Kleid“. Beide Briefstellen (vgl. Anmerkung 1) beziehen sich auf die gleichzeitige Beschäftigung mit *Leonce und Lena* und *Woyzeck*, deren gemeinsamer Nenner darin besteht, die Zeit der ‚Restauration‘ bzw. des ‚Vormärz‘ in Deutschland (1815–1848) als – mehr oder weniger erkennbaren – historischen Hintergrund zu haben. Kurz nach Ausbruch seiner tödlichen Krankheit erklärte Büchner, er wolle „in längstens Acht Tagen *Leonce und Lena* mit noch zwei andren Dramen erscheinen lassen“ – hier kam offenbar das verschollene Stück über Pietro Aretino noch hinzu. Aus diesem Projekt konnte selbstverständlich nichts mehr werden. *Leonce und Lena* erschien nach Büchners Tod im Jahr 1838 erstmals in einer gekürzten und mit Begleittexten versehenen Fassung, für die Büchners Förderer Karl Gutzkow verantwortlich war, in der Zeitschrift *Telegraph für Deutschland.*

In Büchners Lustspiel ist eine schwer überschaubare Fülle von Anspielungen auf andere literarische Werke eingegangen – von Shakespeare *(Was Ihr wollt, Hamlet, Liebes Lust und Leid)* über Goethe *(Die Leiden des jungen Werthers, Faust)* bis hin zur Romantik (Clemens Brentanos *Ponce de Leon,* Alfred de Mussets *Fantasio,* Ludwig Tiecks *Prinz Zerbino).* Die Forschung hat in den letzten Jahren immer neue Bezüge zutage gefördert, die auf die außerordentliche Belesenheit des jungen Autors hinweisen, für das Verständnis seines Werks aber von unterschiedlicher Bedeutung sind (vgl. *Interpretationshilfe,* S. 58 f.).

Inhaltsangabe

Erster Akt (S. 30–44)

Die **erste Szene** des Lustspiels beginnt abrupt mit einer Frage Prinz Leonces an den Hofmeister, aus der sich jedoch kein richtiges Gespräch entwickelt. Der Prinz scheint den Bediensteten, der am Hof als Erzieher fungiert und durch den er sich gestört fühlt, vielmehr möglichst schnell vertreiben zu wollen, indem er vorgibt, „alle Hände voll zu tun" zu haben. – Nach dem Abgang des Hofmeisters führt Leonce, der sich behaglich ausstreckt, in einem Monolog seine melancholische Stimmung aus. Erst mit dem Auftritt des Narren Valerio kommt es zu einem Dialog, denn zwischen den beiden stellt sich sehr schnell eine vertraute Beziehung her. Einig sind sich beide in der Ablehnung bürgerlicher Arbeitsmoral. Woher Valerio kommt, bleibt offen.

Die **zweite Szene** zeigt König Peter beim Ankleidezeremoniell, das ihn als absoluten Herrscher und Zentrum des höfischen Lebens ausweist. Zu dieser Position passen in keiner Weise seine sprunghaften Gedanken. Die willkürliche Verwendung philosophischer Begriffe im Zusammenhang mit seiner Person und Garderobe wie auch mangelndes Erinnerungsvermögen erzeugen den Eindruck großer Verwirrung auch bei ihm selbst. Sein öffentlicher Auftritt vor dem Staatsrat überfordert König Peter so sehr, dass er in Zweifel über die eigene Identität gerät und, bevor er eine Ansprache halten kann, die Sitzung aufheben muss.

Ein reich geschmückter Saal mit Kerzen ist der Schauplatz der **dritten Szene**. Für die Begegnung mit seiner Geliebten Rosetta, die im Zusammenhang höfischen Lebens die Stellung einer Mätresse des Prinzen einnimmt, stellt Leonce eine ebenso erlesene wie künstliche Atmosphäre her. Der intime Dialog zwischen den beiden greift wiederum die Themen „Arbeit“, „Müßiggang“ und „Langeweile“ auf, deren übergeordneter Bezugspunkt nun jedoch die Liebe zwischen Leonce und Rosetta ist. Die spielerische Art und Weise, wie diese Begriffe aufeinander bezogen werden, täuscht aber über den ernsten Hintergrund der Szene nicht hinweg, da sich Leonce von seiner Geliebten abwendet. Während der melancholische Prinz diese Abschiedsstimmung genießt, ist Rosetta nicht nur ihrer Rolle als Mätresse überdrüssig, sondern zeigt sogar Sehnsucht nach dem Tod.

In einem zweiten Monolog reflektiert Leonce seine Erfahrungen mit der Liebe. Das einsame Selbstgespräch erschöpft sich in Bildern der eigenen Leere, welche die Langeweile und die Berechenbarkeit seiner Existenz zum Ausdruck bringen. Wie schon in der ersten Szene sorgt Valerio für einen abrupten Stimmungswechsel, indem er seine ganz banalen Bedürfnisse („Braten“, „Wein“) ins Spiel bringt. In den Wortspielen entlädt sich diesmal eine scherzhaft-derbe Aggressivität, die auch sexuelle Anspielungen umfasst, aber ohne handgreifliche Folgen bleibt.

Der anschließende Auftritt des Staatsrates entspricht den üblichen Erwartungen an höfische Politik so wenig wie der des Königs am Ende der zweiten Szene. Den Präsidenten, der ihm die „Ankunft von Eurer Hoheit verlobten Braut, der Durchlauchtigsten Prinzessin Lena von Pipi“ zu verkünden hat, unterbricht und korrigiert der Prinz ständig. Der Präsident wird schließlich mit einem völlig verwirrten Auftrag an den König abgefertigt und von Valerio hinausgeleitet.

In einem – diesmal sehr kurzen – Monolog vergleicht Leonce das Heiraten damit, einen Brunnen leer zu trinken. Die Vermählung mit der Prinzessin Lena würde sich für ihn, wie der Präsident ausgerichtet hatte, mit der Thronfolge verbinden. Dies nimmt Valerio zum Anlass, ihm seine Zukunft als König vor Augen zu führen. Durch scharfe Ironie, eher schon Sarkasmus – denn was er anführt, ist gerade nicht unterhaltsam oder lustig, sondern von lähmender Langeweile – bringt er den Prinzen auf neue Gedanken. Nun werden verschiedene Möglichkeiten, der Rolle als künftiger Herrscher zu entfliehen, durchgespielt, aber auch schnell wieder verworfen. Besonders ein letzter Vorschlag Valerios, nützliche Mitglieder der menschlichen Gesellschaft zu werden, stößt, wie erwartet, auf heftigen Widerwillen Leonces. Als Lösung erweist sich die plötzliche Eingebung des Prinzen, dem „Wehen aus Süden" zu folgen und eine Reise nach Italien, das er schwärmerisch beschreibt, zu unternehmen.

In der abschließenden **vierten Szene** wird der Zuschauer bzw. der Leser in einen Garten versetzt, der offenbar zum Schlossbezirk des Königreiches Pipi gehört, denn man erlebt hier Prinzessin Lena im Gespräch mit ihrer Gouvernante. Lena wirkt wie gerade aus einem traumwandlerischen, jedenfalls gedankenverlorenen Zustand erwacht und sieht sich mit ihrem Schicksal, der bevorstehenden Heirat mit dem ihr fremden Leonce, konfrontiert. Die Prinzessin ist dem über sie verhängten Heiratsplan hilflos ausgeliefert. Ihre Gouvernante empfindet Mitleid und weiß Rat, wenn auch offen bleibt, wohin sie Lena führen wird. So zeigt der Aktschluss, die Flucht der beiden, eine auffällige Parallele zum Ende der dritten Szene.

Zweiter Akt (S. 44–53)

In der **ersten Szene** nähern sich der Prinz und Valerio, der von der langen Wanderung offensichtlich erschöpft ist, einem Wirtshaus. Dem Narren zeigt sich die Welt weitläufig, während sich sein Herr beengt fühlt. Valerio empfindet ihren bisherigen, eilig gegangenen Weg als Zumutung und wundert sich darüber, dass Leonce in seiner fatalen Lage nicht schon aus Resignation Selbstmord begangen hat. Doch Leonce sucht nach der idealen Frau.

Zwei Polizisten sind auf der Suche nach einem entlaufenen „Individuum", worunter sich der Leser den Prinzen, aber auch Valerio vorstellen kann.[2] Dessen sprunghafte Ausführungen lassen vermuten, dass Valerio ein Fahnenflüchtiger ist und unter Vortäuschung von Krankheiten in einem Spital nicht nur Unterschlupf, sondern auch gute Verpflegung gefunden hatte. Offenbar hat er dann sein Spitalbett versetzt, um sich in einem Wirtshaus vergnügen zu können, bevor er in der ersten Szene des ersten Aktes betrunken auf Leonce trifft. Der Auftritt Lenas und ihrer Gouvernante wird durch widersprüchliche Empfindungen in Bezug auf die Erfahrung der Zeit eingeleitet. Aber auch im Hinblick auf die Welt sind sie gegensätzlicher Auffassung.

In der **zweiten Szene** sind Leonce und Valerio bereits im Garten des Wirtshauses angelangt. Der nun auftretenden Gouvernante begegnet Valerio mit groben körperlichen Anspielungen, auf die jene aber schlagfertig kontert. Lenas an ihre Begleiterin gerichteten Worte führen zu einem abrupten Stimmungswechsel, der sich in Leonces träumerischen Reflexionen über die langsam vergehende Zeit fortsetzt, auf die wiederum Lenas lyrische Äußerungen über die müden Augen, Lippen und Ohren antworten. Um so ernüchternder wirkt der die Szene abschließende Kommentar Valerios, der Leonce auf dem „Weg zum Narrenhaus" sieht.

Die sehr kurze **dritte Szene** zeigt Lena und die Gouvernante in einem Zimmer. Lenas Charakterisierung des Prinzen (Wärme im Gesicht, Kälte im Herzen) trifft dessen Situation erstaunlich präzise. Trotz der nur flüchtigen Begegnung scheint auch sie tief beeindruckt. Zwischen beiden hat sich offenbar jenseits der üblichen Verständigung im Dialog spontan eine ‚innere Beziehung' eingestellt. Die misstrauische Dienerin kann Lena deshalb nicht von ihrem Gang in den Garten abhalten.

Die abschließende **vierte Szene** ist erneut von starken Stimmungswechseln geprägt, insofern die Begegnung von Leonce und Lena durch Valerios nüchtern-ironische Abwertung der schönen Natur als Belästigung eingerahmt wird. Die Äußerungen des Prinzen und Lena folgen wie traumwandlerisch einer gemeinsamen Assoziationsspur. Auf Leonces Kuss hin entflieht Lena und lässt einen Prinzen zurück, der den höchsten Augenblick in seiner bislang so langweiligen Existenz erlebt zu haben glaubt und diesen mit dem Freitod besiegeln will. Doch Valerio bringt ihn zurück ins Leben und führt den Aktschluss mit witzigen Kommentaren auf eine heitere Ebene zurück.

Peter Broglé (Valerio), Marianne Nentwich (Lena), Klaus Maria Brandauer (Leonce)

Dritter Akt (S. 53–61)

In der **ersten Szene** teilt der Prinz dem verblüfften Valerio seinen Heiratsplan mit, der doch ganz im Gegensatz zu seiner bisherigen Lebenseinstellung steht. Valerio rechnet sich eine Karriere als „Staatsminister Valerio von Valerienta1" aus.

In der **zweiten Szene** sind die Honoratioren des Königreichs vor dem Schloss König Peters damit beschäftigt, die anwesenden Bauern in Sonntagskleidung auf den Empfang des Hochzeitspaars vorzubereiten. Dies geschieht regelrecht in Form einer Dressur, der man die wartenden und ermüdeten Untertanen zwecks Etikette unterwirft, damit sie trotz allem zufrieden und gesättigt wirken.

Die **dritte Szene** führt ins Zentrum der politischen Macht. Auf den Zeremonienmeister folgen König Peter und der Staatsrat, die angestrengt nach dem Brautpaar Ausschau halten. Obgleich man über das Verschwinden der Prinzessin und des Erbprinzen informiert ist, soll um jeden Preis an der Zeremonie festgehalten werden. Ansonsten herrscht Ratlosigkeit für den Fall, dass beide nicht kommen. Diese erscheinen – mitsamt Valerio und der Gouvernante – gerade noch rechtzeitig, jedoch aufgrund ihrer Maskierung unkenntlich für die Versammelten. In einem ausführlichen und ‚fachkundigen' Vortrag stellt Valerio Leonce und Lena als Automaten vor, die einschließlich des „Mechanismus der Liebe" so perfekt konstruiert seien, dass man sie zu Mitgliedern der menschlichen Gesellschaft machen könnte. Ihre Verwechselbarkeit mit ‚echten' Menschen bringt König Peter auf den erlösenden Gedanken einer Hochzeit „in effigie", d. h. in Abwesenheit der eigentlich zu Trauenden, wobei er einen Begriff verwendet, der eine damals übliche strafrechtliche Praxis bezeichnet. Nach vollzogener Trauung erfolgt zur allgemeinen Überraschung die ‚Entlarvung' des Paares, dem dadurch selbst die Augen geöffnet werden über den Zufall oder die Vorsehung, die hier im Spiel waren. König Peter ergreift sofort die

Gelegenheit, sich von allen Regierungsgeschäften zurückzuziehen. Leonce schickt zunächst alle Anwesenden nach Hause, kündigt aber an, dass am nächsten Tag die ganze Zeremonie noch einmal wiederholt werden soll, und spielt in ironischer Distanz und mit dem üblichen Sprachwitz verschiedene Möglichkeiten durch, mit der ihm zugewachsenen Machtfülle umzugehen. Auf Lenas Kopfschütteln hin besinnt er sich jedoch und macht die Verwirklichung einer Utopie zu seinem Regierungsprogramm: In seinem Land soll es keine Zeitrechnung geben und ein ewiger Sommer künstlich hergestellt werden. Valerio, der das letzte Wort hat, spinnt diese utopische Vision in einer für ihn typischen Art und Weise fort: Als Staatsminister will er schwere Arbeit als Strafdelikt behandeln, Müßiggang und Genuss aber zum Normalzustand erklären.

Handlungsstruktur

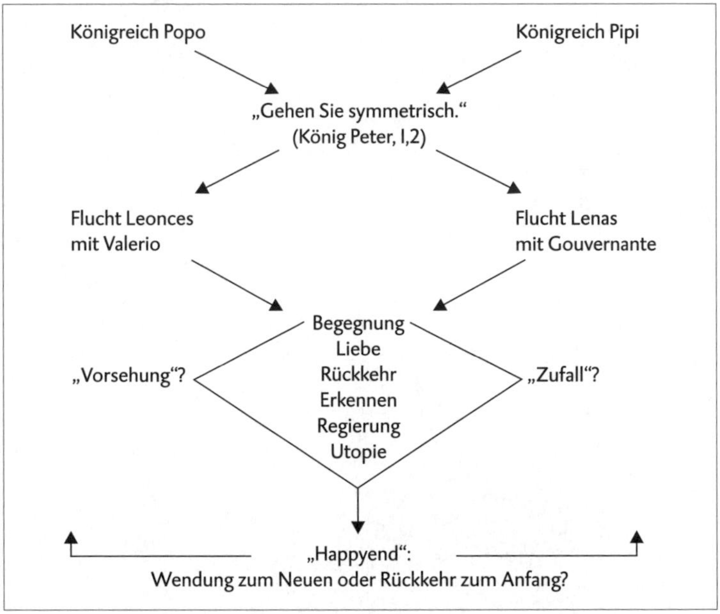

Textanalyse und Interpretation

1 Personen

Leonce

Auf den Erbprinzen Leonce als Thronfolger müssen sich alle Hoffnungen König Peters richten, denn Nachkommen männlichen Geschlechts sichern das Fortbestehen einer Dynastie. Voraussetzung dafür ist natürlich ihre grundsätzliche Eignung. Leonce aber erleben wir schon zu Beginn des Lustspiels als eine höchst absonderliche Person. Zwei Dinge sind es vor allem, die ihn bedrängen und gegen die er sich zur Wehr setzt: einerseits die Langeweile und andererseits die Anforderungen des höfischen Lebens. Die Langeweile macht ihn „ganz melancholisch" (S. 30) und zwingt ihn zu immer neuen Gedankenexperimenten und Sprachspielen, ohne jemals ganz zu verschwinden. Enthusiasmus, den man von einem jungen ‚Hoffnungsträger' erwarten würde, steht ihm nur in einer „gewisse(n) Dosis" zur Verfügung.

Lähmende Leere und mechanische Wiederholung ergänzen sich zu einem Lebensgefühl, das Leonce von den Menschen seiner Umgebung isoliert. Er sieht sich in der unglücklichen Lage, dass nur er die Sinnlosigkeit seiner und der menschlichen Existenz überhaupt durchschaut: „Warum muss ich es gerade wissen?" (S. 31) Zur Melancholie seines Wesens gesellt sich daher ein provokatives Verhalten, mit dem er sich „diese Helden, diese Genies, diese Dummköpfe …" (ebd.) und insbesondere die Vertreter des Hofes mit ihren Ansprüchen an ihn vom Leib zu halten versucht. Das bekommen vor allem der Hofmeister, der als Erzieher für die guten Manieren und die Bildung des künftigen Thronfolgers zuständig ist (S. 30 f.), und der Präsident zu spüren, dem die undankbare Aufgabe zufällt, die Botschaft von der „zu erwartenden Ankunft" der Prinzessin zu überbringen (S. 39 f.). In beiden Fällen verfolgt Leonce dieselbe Strategie, nämlich die offizielle Kommunikation mit dem Hofpersonal möglichst schnell abzubrechen. Während diese Dialoge scheitern, kommt es zwischen dem Prinzen und seinem königlichen Vater erst gar nicht zu einem Gespräch – obgleich doch ein wichtiger Anlass gegeben wäre.

So lebt ausgerechnet der Prinz, dem das gesamte öffentliche Interesse gilt, in einem gesellschaftlichen ‚Niemandsland' jenseits der höfischen Etikette, in dem Narrenfreiheit das einzige Gesetz zu sein scheint. Dass er sich so spontan mit dem dazu noch betrunkenen Valerio anfreundet, hat zumindest zwei Gründe: Dieser ist tatsächlich ein Narr und vertritt außerdem ähnliche Ansichten wie Leonce, den er aus der Einsamkeit erlöst. Die wichtigste Übereinstimmung zwischen beiden besteht in der strikten Ablehnung jeglicher Arbeit. Damit setzen sie sich nicht nur von der höfischen Welt, sondern auch vom Arbeitsethos des Bürgertums ab. In Valerio sieht der Prinz einen

> *von den Göttlichen, welche mühelos mit reiner Stirne durch den Schweiß und Staub über die Heerstraßen des Lebens wandeln und mit glänzenden Sohlen und blühenden Leibern gleich seligen Göttern in den Olympus treten …* (S. 33)

Diese Idealisierung wirkt im Hinblick auf den Narren eher ironisch als ernst, doch zeigt sie, dass Valerio für Leonce nicht nur ein Freund ist, sondern zugleich eine Art Projektionsfigur für seinen Wunsch nach einem nur närrischen und von Rollenzwängen unbelasteten Leben darstellt. Sein eigenes Narrentum ist schließlich ein Akt des Widerstandes gegen seine höfische Umgebung und darum anstrengend – seine Späße schlagen immer wieder um in Melancholie und Verzweiflung. Da er nicht allein gelangweilt, sondern selbst Mitglied der langweiligen höfischen Welt ist, kann er den Freund nur um dessen ungebrochene Vitalität beneiden. Doch ist die Sehnsucht des Prinzen nach dem Einfachen nicht ganz ehrlich, denn in der Rosetta-Szene zeigt er ganz andere, ja entgegengesetzte Vorlieben. Hier inszeniert er mit großem Aufwand (S. 35) ein Stelldichein mit seiner Geliebten und scheint sein Vorhaben, sie aus ihrer Rolle als Mätresse zu entlassen, regelrecht zu genießen.

Seine Empfindungen erweisen Leonce als ‚Ästheten', weil er selbst dem ‚Tod' dieser Liebe noch Reize abgewinnen kann und es ihm nur darauf ankommt, seine früheren Gefühle für Rosetta in der Erinnerung zu bewahren. Entsprechend kann er sie seinen sonstigen Erfahrungen mit Frauen hinzufügen, die ihn aber unbefriedigt lassen und in seinem Gefühl bestätigen, den engen Lebenshorizont niemals überschreiten zu können (S. 38). Schon in der ersten Szene des Lustspiels kommt dieser Wunsch nach Selbstüberschreitung zum Ausdruck: „Oh, wer sich einmal auf den Kopf sehen könnte! Das ist eins von meinen Idealen." (S. 30)

Die Reise mit Valerio nach dem Süden folgt auf einen spontan gefassten Entschluss und ist für Leonce deswegen so verlockend, weil sich „Italien" mit seinen „tollen Nächten voll Masken, Fackeln und Gitarren" (S. 43) als Gegenwelt zum sterilen und langweiligen Leben am Hofe König Peters empfiehlt. Eine solche Exkursion wäre für einen Prinzen nichts Ungewöhnliches, doch wird sie hier zur Flucht vor anstehenden Verpflichtungen. Dass beide das ‚gelobte Land' nicht erreichen, sondern alsbald ins Königreich Popo zurückkehren, gehört zu den ironischen Wendungen des Lustspiels.

Leonce befindet sich auf der Suche nach dem „Ideal eines Frauenzimmers" (S. 45). Dieses Ideal findet er in Lena, die schon bei ihrer ersten Begegnung einen tiefen Eindruck bei ihm hinterlässt, jedoch nicht über das Auge, sondern über das Ohr (S. 50): Sie richtet eine zunächst beiläufig scheinende Frage an ihre Begleiterin („… ist denn der Weg so lang?"), die Leonce gleich zweimal zitiert. Was ihn fasziniert, ist aber nicht in erster Linie der – symbolische – Inhalt der Bemerkung, sondern zuallererst ihre „Stimme“ (S. 50), auf deren Bedeutung schon das einem Gedicht von Chamisso entnommene Motto zum zweiten Akt hinweist: In seinem „tiefsten Innern“ fühlt sich Leonce berührt.

Die Annäherung der beiden erreicht ihren Höhepunkt in der letzten Szene des zweiten Aktes und verweist in der thematischen Verschränkung von ‚Liebe‘ und ‚Tod‘ zunächst auf die Rosetta-Szene. Doch während Leonce dort die genießerische Distanz des Ästheten wahrt und in Rosetta nicht mehr sieht als den ‚interessanten Fall‘ einer „sterbende(n) Liebe“ (S. 37), erscheint er hier ganz in das Geschehen einbezogen und verwandelt zu werden. Zugleich zeigt sich, dass er den Einbruch von Gefühlen in eine bislang ‚leere‘ Innenwelt nicht verkraftet:

> *Zu viel! Zu viel! Mein ganzes Sein ist in dem* einen *Augenblick. Jetzt stirb! Mehr ist unmöglich* […] *Dieser eine Tropfen Seligkeit macht mich zu einem köstlichen Gefäß. Hinab, heiliger Becher!* (S. 52)

Als „Gefäß“ kann sich Leonce hier fühlen, weil er erstmals die – sonst ironisch auf Distanz gehaltene – Außenwelt als Stimmungsraum in sich aufnimmt und damit aus seinen egoistischen Gedanken ausgebrochen ist. Doch kommt mit dem Wunsch, diese vermeintliche Ausnahmesituation mit dem Selbstmord zu besiegeln, der alte Leonce mit seiner Zukunftsangst wieder zum Vorschein. Dass nach Lenas Flucht und der Rettung durch Valerio die Stimmung sofort umschlägt, zeigt die ernüchterte Sprache des Prinzen. In die Haltung des Ästheten zurückfallend, wird ihm der „eine(n) Augenblick“ zu einem aus kritischer Distanz bewerteten „vorzüglichen Augenblick“, den ihm Valerio durch sein Eingreifen für immer verdorben habe (S. 53).

Diese Beobachtungen führen zwangsläufig zu der Frage, ob Leonce im Verlauf des Lustspiels überhaupt eine Entwicklung durchmacht oder nicht doch seinem Naturell treu bleibt. Sehr überraschend kommt jedenfalls nach der Begegnung mit Lena seine Heiratsabsicht, die eben keine Laune bleibt, sondern zur Rückkehr an den Hof, Trauung und Thronfolge führt. Valerio gegenüber bekennt er sich nun zu der Möglichkeit, in der Ehe die Liebe auf Dauer zu stellen. Bevor es dazu kommen kann, muss er seine Vorführung als ‚Automat' überstehen, mit der die steife Hofgesellschaft zunächst betrogen und zugleich entlarvt wird. Die Maskerade ist die Voraussetzung für den überraschenden Umschwung, der sich im gegenseitigen Erkennen nach vollzogener Trauung einstellt (S. 60). Erst der demaskierte Leonce sieht die „Vorsehung" am Werk und vergleicht seine Situation mit dem „Paradies" (S. 60), einem utopischen Zustand, den er dann für seine Untertanen herstellen will (S. 61).

Wie unrealistisch sein ‚Regierungsprogramm' auch klingen mag – es ist jedenfalls kaum ironisch gemeint, sondern verrät einen starken Enthusiasmus, von dem Leonce früher nur eine „gewisse Dosis" zur Verfügung stand (S. 49). Wenn Leonce am nächsten Tag „in aller Ruhe und Gemütlichkeit den Spaß noch einmal von vorne" (S. 61) anfangen lassen will, so verbürgt schon seine wenig offizielle Wortwahl eine deutliche Distanz gegenüber der neuen Rolle als König. Er bedient sich der alten Zeremonien, um neue politische Inhalte durchzusetzen.

Zusammenfassend kann man sagen, dass Leonce sich unter dem Einfluss Lenas verändert hat und die Herausforderungen annimmt, die seine neuen Rollen als Ehemann und königlicher Regent mit sich bringen. Er ist keine statische Figur, wenn er auch andererseits am Schluss des Lustspiels Verhaltens- und Redeweisen zeigt, die an seine ersten Auftritte erinnern:

> *Nun, Lena, siehst du jetzt, wie wir die Taschen voll haben, voll Puppen und Spielzeug? Was wollen wir damit anfangen? Wollen wir ihnen Schnurrbärte machen und ihnen Säbel anhängen?* (S. 61)

Diese Ratlosigkeit charakterisiert den „alten Leonce“ und zeugt überdies von einer gewissen Infantilität (Kindlichkeit), auf die auch der Name seines Königreichs „Popo“ verweist. Als Herrscher mit idealistischen Zielen, nach denen er seinen Staat einrichten will, geht Leonce einen Kompromiss zwischen dem Bedürfnis nach Freiheit und Lebensfreude, das ihn dem sterilen höfischen Leben entfremdet, sowie seinen politisch-gesellschaftlichen Verpflichtungen ein. Solche Kompromisse teilt er mit seinem Autor Georg Büchner.

Leonces Situation

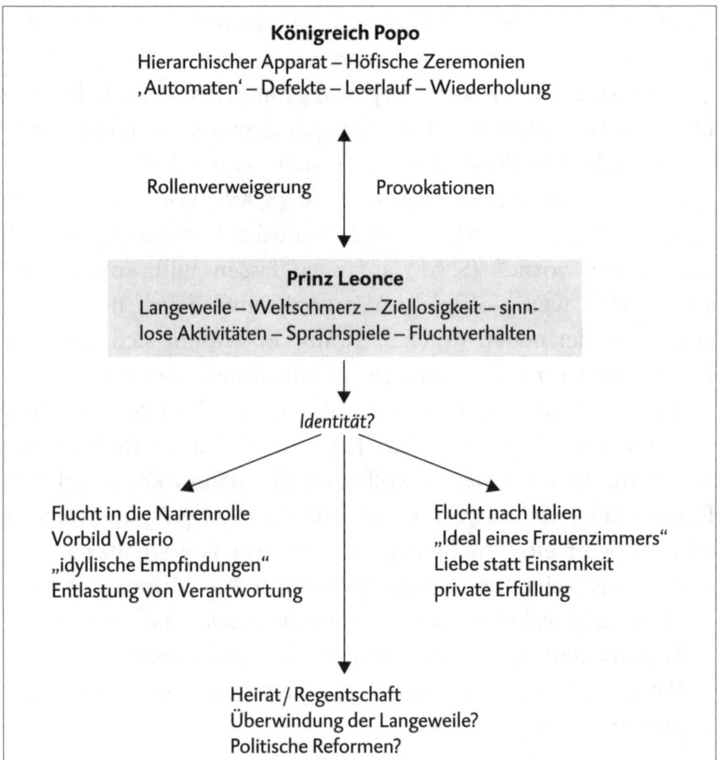

Lena

In Unterschied zu Leonce, der in seiner Auseinandersetzung mit dem höfischen Milieu Profil gewinnt, wird im Falle Lenas die Welt des Königreichs Pipi weitgehend ausgespart. Nur die Gouvernante und der Garten, der den Hintergrund für ihren ersten Auftritt im Drama abgibt (S. 43), gehören dieser Welt an: Erstere ist keine typische Repräsentantin des Hofes, sondern pflegt – als ältere Freundin und Ratgeberin – einen vertrauten Umgang mit der Prinzessin. Der nicht näher bestimmte Garten gehört in die Reihe der offenen Naturschauplätze, die Lena zugeordnet sind (S. 47 f., 50 ff.). Im Vergleich mit den Blumen begreift sich Lena als Naturwesen und weiß sich damit einem elementaren Bereich zugehörig, der ihre große Distanz zur Welt der höfischen Politik erklärt, sie aber auch empfindlich und verletzlich macht für deren Anforderungen, z. B. die Heirat (S. 43).

Lena kann sich dem Heiratsplan nicht verschließen, noch weniger aber mit den ‚Waffen' Leonces darauf reagieren. Über ihre Empfindungen eng mit der Natur verbunden, muss sie wie eine „Quelle" jedes „Bild" widerspiegeln und ist allen Forderungen an ihre Person hilflos ausgesetzt. Leonce leidet zwar ebenfalls – und noch in der freien Natur – unter den Zwängen seiner höfischen Existenz, doch versucht er sich gegen dieses „enge(n) Spiegelzimmer" mit allen ‚närrischen' Mitteln zu wehren (S. 44). Lenas Erfahrung der Natur – „schön und weit, so unendlich weit" (S. 48) – bleibt ihm fremd. Daher bleibt ihm aber auch die intensive Todesstimmung erspart, welche die Prinzessin von Anfang an umgibt (S. 43). Lenas Charakter entsprechend, wird ihr Todeswunsch als sanftes Eingehen in die Natur formuliert, während sie ihre Opferrolle in Bilder fasst, die einen direkten Bezug zur christlichen Passionsgeschichte herstellen (S. 43).

Kurz darauf wird dieser Bildbereich auf den gesamten Kosmos ausgeweitet. Lenas extreme Verallgemeinerung des eigenen, persönlichen Leidens erinnert an Leonces Verabsolutierung seiner Langeweile zum Gesetz allen Lebens (S. 31):

> *Mein Gott, mein Gott, ist es denn wahr, dass wir uns selbst erlösen müssen mit unserem Schmerz? Ist es denn wahr, die Welt sei ein gekreuzigter Heiland, die Sonne seine Dornenkrone, und die Sterne die Nägel und Speere in seinen Füßen und Lenden?* (S. 44)

Diese rhetorischen Fragen kommen der Anklage einer misslungenen Schöpfung gleich. Lenas Übereinstimmung mit der Natur zerstört und verkehrt sich ins genaue Gegenteil, ein märtyrerhaftes Leiden an der Welt. Der „lange Weg", der sie und Leonce bei ihrer ersten Begegnung wie ein gemeinsames Lebensgefühl verbindet, lässt sich unter diesen Voraussetzungen als ‚Passionsweg' verstehen. Daraus erklärt sich Lenas genaue Kenntnis der inneren Situation des Prinzen: „Er war so alt unter seinen blonden Locken. Den Frühling auf den Wangen und den Winter im Herzen!" (S. 51)

Mit ihrer Stimme wirkt sie ‚therapeutisch' auf den närrisch-unglücklichen Prinzen ein, indem sie seine Gedanken und Gefühle mit traumwandlerischer Sicherheit fortsetzt. Sie hilft ihm, eine Sprache für sein Innenleben zu finden, dessen ‚Leere' er bisher mit immer neuen kuriosen Ideen und Späßen ausfüllen musste. Das musikalische Zusammenspiel der Stimmen löst aber nicht nur Leonce die Zunge, sondern überführt auch Lenas zuvor verzweifelte Stimmung in eine verträumte: An die Stelle der überwältigenden Kreuzigungsvision tritt die sanfte Nähe des „Todesengel(s)" Leonce, der ihr mit dem Kuss seine Liebe eingesteht (S. 52).

Lena, die sich auf Leonces Kuss hin „rasch" entfernt, hat sich offenbar in ihn verliebt und, wie der Beginn des dritten Aktes zeigt, auch in eine Heirat eingewilligt. Im weiteren Verlauf des Lustspiels gibt sie den weiblichen Automaten in Valerios Präsentation vor der Hofgesellschaft und bleibt mit ihm sowie Leonce bis zuletzt auf der Bühne (S. 61). Auffällig dabei ist, dass sie am Dialog nicht mehr teilnimmt. Ihre „Stimme“ scheint verstummt zu sein, da sie ihre Aufgabe, den Prinzen aus seiner Einsamkeit zu befreien, erfüllt hat. So genügt am Ende des Dramas eine kleine, unauffällige Geste, um Leonce auf „besser(e)“ Ideen zu bringen: „Lena lehnt sich an ihn und schüttelt den Kopf.“ (S. 61) Darüber hinaus signalisiert ihr plötzliches Verstummen aber eine grundsätzliche Beziehungslosigkeit im Verhältnis zum höfischen Milieu. Wie schon bei ihrem ersten Auftritt zu bemerken war, gehört sie einer anderen Sphäre an und bleibt bis zum Ende ein eigenartig fremdes und schwer greifbares Wesen. Indem ihre Stimme ‚erwacht‘ („Ja, jetzt! Das ist es. Ich dachte die Zeit an nichts.“ S. 43) bricht ein neuer Stimmungsraum in die zuvor trotz aller Melancholie eher heitere Lustspielwelt ein. So nimmt Lena eine auffällige Sonderstellung ein.

Leonce und Lena in der Salzburger Aufführung 1975

Valerio

Valerio betritt „etwas betrunken“ die Bühne und führt sich auf eine ungewöhnliche Art ein: „Nun, so wollen wir von etwas anderem reden.“ (S. 31) Sein Lieblingsthema ist auch das des Prinzen: Lob des „Nichtstun(s)“ und Verdammung jeglicher Arbeit (S. 32 f.). Allerdings ist der Müßiggang für Valerio eine unproblematische Angelegenheit, weil er sich für ihn nicht mit dem quälenden Gefühl der Langeweile verbindet. Ihn beunruhigt nicht die Frage nach dem Sinn seines Lebens, ihn plagen eher banale Sorgen: Den „Idealen“ Leonces setzt er sein „Ideal von Rindfleisch“ (S. 32) entgegen.

Auch ein guter „Tropfen“ ist für Valerio die bessere Alternative im Vergleich zur Liebe, zum Philosophieren wie auch zum Träumen, er lässt Langeweile nicht aufkommen und ist stets verlässlich in seiner Wirkung auf den Konsumenten. Um in den Genuss von „Fleisch“ und „Wein“ zu kommen, schreckt er nicht davor zurück, „Rock und Hosen“ oder gar sein „Bett“ zu versetzen (S. 46 f.). Eine solche Tauschwirtschaft zeugt nicht nur von praktischem Geschäftssinn, sondern ist Teil einer einfachen ‚Lebensphilosophie‘, die ganz auf den Augenblick gerichtet ist und sich um mögliche Konsequenzen nicht kümmert:

> *Will man ein Einkommen, so muss man stehlen; an ein Aufkommen ist nicht zu denken, als wenn man sich hängen lässt; ein Unterkommen findet man erst, wenn man begraben wird, und ein Auskommen hat man jeden Augenblick mit seinem Witz, wenn man nichts mehr zu sagen weiß* […]. (S. 41)

Hinter Wortspielen wie diesen verbirgt sich bei Valerio eine ernst zu nehmende antibürgerliche Haltung, die schon in der ersten Szene zum Ausdruck kommt:

> *Herr, es gibt nur drei Arten, sein Geld auf menschliche Weise zu verdienen: es finden, in der Lotterie gewinnen, erben oder in Gottes Namen stehlen, wenn man die Geschicklichkeit hat, keine Gewissensbisse zu bekommen.* (S. 32)

Aber Valerio lehnt nicht nur das herrschende Rechtssystem und die bürgerliche Arbeitsmoral für seine Person ab, sondern auch die allen gesellschaftlichen Vereinbarungen zugrunde liegende „Vernunft“ (S. 32). Für „gute Suppe, gutes Fleisch, gutes Brot, ein gutes Bett“ würde er sich, solange er dafür nicht arbeiten muss, sogar ins „Narrenhaus“ begeben (S. 33). Um dieses ‚absolute‘ Narrentum beneidet Leonce seinen Freund. Er empfindet es als „idyllisch“ im Sinne einer Naivität, die ihm selbst nicht möglich ist. Wenn Valerio den Prinzen „auf dem besten Weg“ sieht, „ein wahrhaftiger Narr zu werden“ (S. 38), so kann dies nur ironisch verstanden werden. Für den sentimentalen Leonce bleibt der ‚naive Narr‘ ein unerreichbares Wunschbild. Gerade darum wird Valerio für ihn zum unverzichtbaren Begleiter, der ihn durch seine desillusionierenden Kommentare immer wieder auf den Boden der Tatsachen zurückholt und vor dem Selbstmord aus Gefühlsüberschwang bewahrt (S. 52 f.).

Trotzdem darf nicht übersehen werden, dass Leonces „idyllische Empfindungen“ für den „Kerl“ (S. 38) eine Verharmlosung darstellen. Valerio gehört nicht in die Reihe jener Hofnarren, die z. B. in den Komödien Shakespeares der ‚guten Gesellschaft‘ den kritischen Spiegel vorhalten – nur bei der Vorführung der ‚Automaten‘ nimmt er eine entsprechende Rolle ein. In Büchners Lustspiel agiert eher Prinz Leonce selbst als ‚klassischer Hofnarr‘, dessen Kritik bei aller Schärfe und Bissigkeit letztlich doch ‚theoretisch‘ bleibt, während Valerio nicht nur den ‚guten Sitten‘, sondern den Gesetzen seinen Respekt aufkündigt. Seine im Drama nur angedeutete Vorgeschichte charakterisiert ihn als Deserteur, Simulant (vorgetäuschte Krankheiten) und Dieb (Spitalbett), der mit seinem „läufigen Lebenslauf“ sein eigenes „Menschenleben(s)“ gerettet hat (S. 46). Bezieht man die Polizeidiener-Szene (S. 45 f.) auf ihn anstatt auf Leonce (vgl. *Interpretationshilfe,* S. 11 f.), so wird klar, dass er als Krimineller steckbrieflich gesucht wird. Bei alledem fällt auf, wie Büchner auf eine präzise Darstellung der Zusammenhänge verzichtet hat, wohl in der Absicht, Valerio die Sympathie des Zuschauers bzw. Lesers zu sichern. Und in der Tat macht der eher beiläufig vermittelte „Lebenslauf" die Figur interessant und gibt ihr im Vergleich zu ‚typischen' Theaternarren ein individuelleres Profil; von einer ‚Kriminalisierung' kann jedoch nicht die Rede sein. Im Gegenteil: Das politische System wird in Büchners Lustspiel derart kritisch, ja verächtlich dargestellt, dass sich der Zuschauer in jedem Fall auf der Seite Valerios befindet.

Unter diesen Voraussetzungen scheint es nicht abwegig, Valerios ‚närrischer' Lebensphilosophie auch eine politische Bedeutung zuzusprechen. Als ehemals „armer Teufel" macht der spätere „Staatsminister Valerio von Valeriental" eine steile politische Karriere. Nicht Leonce, sondern er behält das letzte Wort im Lustspiel, mit dem er ein „Dekret" ankündigt, das seine paradiesische Vorstellung vom Glück für alle Untertanen verbindlich machen wird (S. 61).

Konstellation der Personen

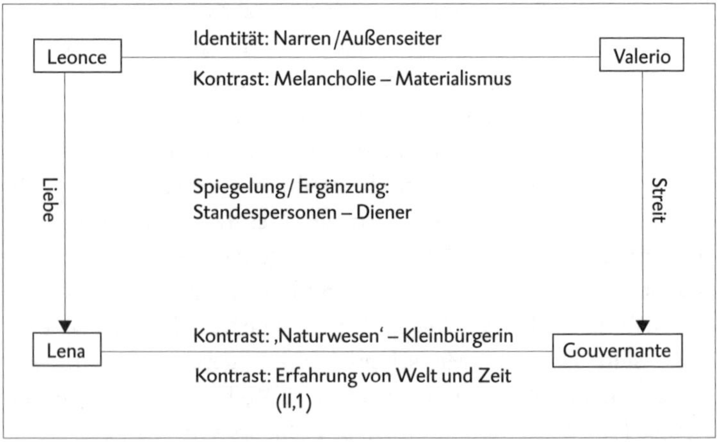

König Peter

Als ranghöchste Person in Büchners Lustspiel steht König Peter an der Spitze des Personenverzeichnisses (S. 29). Die absolute Macht im Königreich Popo verkörpert sich in ihm – ein Sachverhalt, den er auf eigentümlich komplizierte und verwirrende Art und Weise zum Ausdruck bringt:

> *Die Substanz ist das An-Sich, das bin ich.* (Er läuft fast nackt im Zimmer herum.) *Begriffen? An-Sich ist an sich, versteht ihr? Jetzt kommen meine Attribute, Modifikationen, Affektionen und Akzidentien: wo ist mein Hemd, meine Hose? – Halt, pfui! Der freie Wille steht da vorn ganz offen.* (S. 33 f.)

Der König befindet sich hier beim morgendlichen Ankleidezeremoniell und richtet seine Ausführungen an „zwei Kammerdiener(n)“, welche den Herrscher für die üblichen Regierungsgeschäfte und repräsentativen Aufgaben herrichten. Die von König Peter verwendeten abstrakten Begriffe, mit denen er banale Dinge wie „Hemd“ und „Hose“, aber auch sein Geschlechtsteil bezeichnet, entstammen der zeitgenössischen Philosophie – doch stehen sie in einem komischen Kontrast zu ihrem Anwendungsbereich und wollen sich nicht zu einem sinnvollen „System“ ordnen. Der König scheint sich mit ihnen wie mit „Attributen“ seiner Kleidung zu schmücken, und wie diese geraten ihm auch die „Kategorien“ in die „schändlichste(n) Verwirrung“ (S. 34). Zu seiner völligen Konfusion in praktischen und philosophischen Dingen gesellt sich eine große Orientierungslosigkeit, was seine politischen Aufgaben anbelangt: Ein Knoten im „Schnupftuch“ ist notwendig, damit er sich mühsam an sein „Volk erinnern“ kann!

Sein nachfolgender Auftritt vor dem „Staatsrat“ verstärkt noch den Eindruck, dass der höchste Repräsentant des Königreiches seiner offiziellen Rolle nicht nur hilflos gegenübersteht, sondern zudem psychisch beeinträchtigt ist:

> *Wenn ich so laut rede, weiß ich nicht, wer es eigentlich ist, ich oder ein anderer, das ängstigt mich. (*Nach langem Besinnen*) Ich bin ich. – Was halten Sie davon, Präsident?* (S. 34 f.)

Die umständliche Selbstdarstellung beim Ankleiden ist hier auf eine Leerformel zusammengeschrumpft, der König ganz auf sein privates und kümmerliches „Ich" zurückgeworfen. Vermutlich wollte er die Vermählung seines Sohnes Leonce bekannt geben. An diesem Projekt hält er später trotz der Flucht der Königskinder krampfhaft fest (S. 56). Die konkreten Umstände empfindet König Peter als ärgerliche ‚Nebensache', als ‚Störfaktoren'; allein der „Beschluss" als solcher ist für ihn entscheidend, und an das nun einmal erlassene Dekret klammert er sich so ängstlich wie zuvor an sein philosophisches Vokabular. Völlig unfähig zu flexiblen Reaktionen und planendem Regierungshandeln hat er allein die „Hochzeit" im Sinn, deren politische Bedeutung angesichts der Sorge um seinen Gefühlshaushalt allerdings in den Hintergrund tritt:

> *Und ich hatte beschlossen, mich so zu freuen! Gerade mit dem Glockenschlag zwölf wollte ich anfangen und wollte mich freuen zwölf volle Stunden – ich werde ganz melancholisch.* (S. 57)

Trotz ihrer egozentrischen Haltung erzeugt die Figur nicht Ablehnung oder gar Hass, wie man sie einem rücksichtslosen Despoten entgegenbringen würde. Angesichts eines Menschen, der seine Gefühle nach einem bestimmten Zeitplan abrufen muss, stellt sich eher eine Mischung aus Verachtung, Spott, aber auch Mitleid ein. Selbst der absolute Herrscher scheint insofern ein Opfer des politischen Systems zu sein, als nicht nur seine Untertanen für ihn bloße ‚Objekte' seiner königlichen Laune sind, sondern er die eigene Person wie ein ‚Objekt' („meine königliche Majestät") manipulieren muss. Was König Peter, der „ganz melancholisch" zu werden fürchtet, am meisten plagt, ist die Langeweile seiner höfischen Existenz. Da ihm das aber nicht bewusst wird, wirkt er auf komische Art verzweifelt.

Er ist von seiner Rolle ständig überfordert. Sein Einfall, die Hochzeit mithilfe der Automaten „in effigie“ zu vollziehen, ist eine Eingebung des Augenblicks, die zwei unterschiedliche, ja konträre Bereiche verwechselt: die strafrechtliche Praxis einer Urteilsvollstreckung in Abwesenheit der Täter mit einer Heiratszeremonie ohne Braut und Bräutigam. Doch auch hier ist für den König nur die Durchsetzung seines Willens entscheidend (S. 59). Als „glücklichster Mann“ fühlt sich der Monarch wohl in erster Linie deswegen, weil er umgehend die „Regierung“ in die „Hände“ seines Sohnes legen und mit seinem gleichfalls abgedankten Staatsrat „ungestört zu denken anfangen“ kann (S. 60). Dass der König zum Philosophen wird und den politischen Schauplatz verlässt, ermöglicht den utopischen Dramenschluss (vgl. *Interpretationshilfe,* S. 45–48).

König Peter

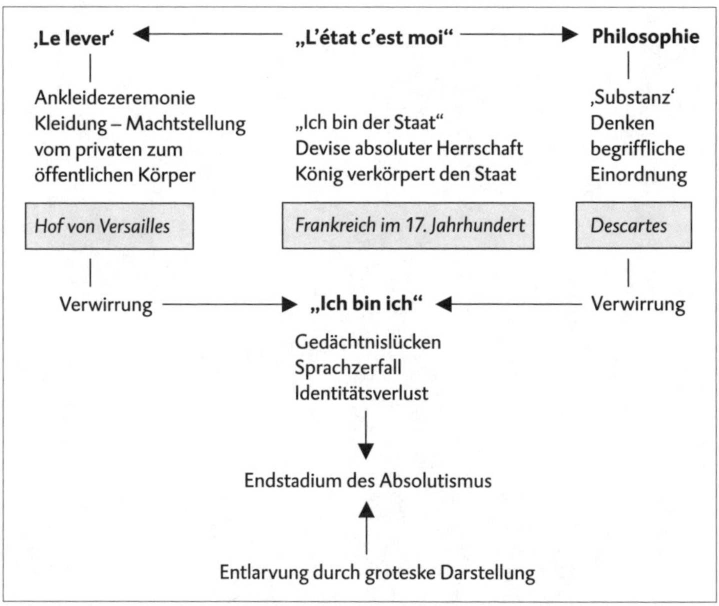

2 Thematische Schwerpunkte

Langeweile

Leonces Verallgemeinerung von „Langeweile“ und „Müßiggang“ zur Eigenschaft menschlichen Lebens und sogar zum Naturgesetz (S. 31) ist kritisch zu beurteilen und aus dem beschränkten Blickwinkel eines Mitglieds der herrschenden Klasse zu verstehen. Es handelt sich hier, wie Büchner im *Hessischen Landboten* klargestellt hat, zunächst einmal um soziale Erscheinungen: „Das Leben der **Vornehmen** ist ein langer Sonntag.“[3]

Der „lange(r) Sonntag“ der „Vornehmen“ wird dort mit deutlichen Worten als unverdientes Privileg gekennzeichnet, das die rücksichtslose Ausbeutung der „Bauern“ zur Voraussetzung hat. In *Leonce und Lena* vermittelt Büchner eine ‚Innenansicht‘ jener vornehmen Lebensform. Nun erweist sich als Kehrseite von Freizeit und Luxus ein „entsetzlicher Müßiggang“, wie Leonce es ausdrückt (S. 31), der seine Situation als „traurig“ bezeichnet (S. 30). „Nichts zu tun“ empfindet er im Gespräch mit Rosetta gar als „die entsetzliche Arbeit“ (S. 35). Wenige Zeilen später aber heißt es wiederum: „Aber ich liebe meine Langeweile wie dich […] O dolce far niente!“ (S. 36) Solche Widersprüche verweisen nicht allein auf Leonces labilen Charakter. Sie machen vielmehr deutlich, dass die Langeweile in Büchners Drama verschiedene Dimensionen hat und es ihm keinesfalls darum geht, den „Vornehmen“ im Lustspiel Verständnis oder gar Mitgefühl entgegenzubringen, um dadurch etwa die sozialkritischen Thesen des *Landboten* zu relativieren.

Leonces Langeweile lässt sich unter drei Gesichtspunkten genauer analysieren. In der eben angesprochenen Rosetta-Szene erscheint er als **übersättigter Liebhaber und Ästhet**, der seine „sterbende Liebe“ inszeniert, ohne Rosetta noch als Person wahrzunehmen. Indem er ihre Tränen mit „prächtige(n) Diamanten“ vergleicht, nimmt er die Haltung eines Aristokraten ein, der seine Mätresse als Lustobjekt und Spielzeug begreift. Während Leonce ansonsten zum Hof auf Distanz geht, macht er hier rücksichtslos Gebrauch von seinen Privilegien. Er, der sein Wissen um die Langeweile des menschlichen Lebens beklagt (S. 31), passt sich durch sein Rollenverhalten den Gesetzen der höfischen Welt an und wird damit selbst langweilig.

Gleichzeitig dient Leonce aber seine zur Schau gestellte Langeweile als wirkungsvolles Mittel, sich den **Anforderungen des Hofes zu entziehen** und darüber hinaus dessen Vertreter zu provozieren. Der Hofmeister, der für die Erziehung des künftigen Thronfolgers zuständig ist, hat keine Chance, seine Aufgaben am Hof zu erfüllen, und muss es sich noch gefallen lassen, dass der Prinz sich über die Stellung seiner Beine lustig macht (S. 30 f.). Noch schlimmer ergeht es dem Präsidenten, den Leonce ständig wie ein ungezogenes Kind korrigiert, während er doch selbst jedes angemessene Benehmen vermissen lässt: „Mann, fassen Sie sich. Bedenken Sie ihre Familie und den Staat! Sie riskieren einen Schlagfluss, wenn Ihnen Ihre Rede zurücktritt." (S. 40) Auch seine Aufforderung, der Präsident solle „nur alles von sich geben", spielt auf den Fäkalbereich, die körperlichen Ausscheidungen an, und lässt bei ihm infantile Charakterzüge hervortreten, zu denen der auffällige Name seines Königreichs „Popo" passt. Ein solches Verhalten, das eine bürgerliche Pädagogik als ‚flegelhaft' und ‚ungezogen' einstufen würde, kann sich der Prinz aufgrund seiner Stellung ohne Risiko leisten. Seine provokative Aufkündigung aller höfischen Verhaltensregeln bis hin zur offenen Beleidigung dient der Verteidigung seiner Langeweile.

Schließlich und drittens ist Langeweile als Abwesenheit einer zielgerichteten Tätigkeit die Voraussetzung für die **Gedankenexperimente, Wortspiele und Fantasien** des Prinzen. Seine Intellektualität, die ihn im Unterschied zu allen anderen ‚Langweilern' um seinen Zustand „wissen" lässt (S. 31), gedeiht nur im ‚luftleeren Raum' eines beschäftigungslosen Daseins. Hier entsteht auch der Plan, nach Italien zu reisen. Am Ende des Lustspiels wird diese Vision von Italien wieder aufgenommen und in ein „Dekret" gefasst, das Leonce und Valerio gemeinsam verkünden: Im eigenen Land sollen nun – vom Klima über leibliche Genüsse bis hin zu Kunst und Religion – italienische Verhältnisse hergestellt werden. Mit der Kriminalisierung jeglicher Arbeit knüpft Valerio an seine früheren Äußerungen zu diesem Thema an (S. 32), während Leonce einen weiteren Vorschlag einbringt:

> […] *wir lassen alle Uhren zerschlagen, alle Kalender verbieten, und zählen Stunden und Monden nur nach der Blumenuhr, nur nach Blüte und Frucht.* (S. 61)

Mit dieser Abschaffung der Zeitrechnung würden nicht nur die immer gleichen Abläufe des höfischen Lebens, die den Tag entsprechend dem Stand des Uhrzeigers strukturieren, außer Kraft gesetzt, sondern die gesamte bürgerliche Arbeitswelt, der Leonces und Valerios Hass gilt. Doch der Prinz reagiert hier gleichzeitig auf eine besonders quälende Auswirkung seiner Langeweile – seine Angst vor der Zeit, die ihm im Übermaß zur Verfügung steht und gerade darum zur Bedrohung wird. Schon „seit drei Wochen" hat er die „Wolken" beobachtet (S. 30); er weiß schon jetzt genau, „was ich in acht Tagen, was ich in einem Jahr denken und träumen werde" (S. 38); „ich bin so jung, und die Welt ist so alt", beklagt er sich bei Valerio (S. 48), und im Gespräch mit Lena heißt es:

> *Das Picken der Totenuhr in unserer Brust ist langsam, und jeder Tropfen Blut misst seine Zeit und unser Leben ist ein schleichend Fieber.* (S. 50)

Valerio leidet keinesfalls unter **Langeweile**, sondern hat sich dem **Müßiggang** verschrieben. Diese beiden Begriffe werden in den Dialogen des Lustspiels oft bedeutungsgleich verwendet, müssen jedoch voneinander abgegrenzt werden. Denn der Müßiggänger genießt sein beschäftigungsloses Dasein und weiß sich in Übereinstimmung mit einem von Pflichten und Terminen unbelasteten Lebensrhythmus, den er als Chance zur Selbstbestimmung begreift. Im lateinischen Wort ‚otium' für ‚Muße' kommt dies zum Ausdruck, auf den ‚negotium' im Sinne von ‚Geschäft' oder ‚Beschäftigung' negativ (!) bezogen ist.

‚Langeweile' dagegen stellt sich historisch gesehen erst viel später ein, wenn die gesellschaftlichen und politischen Verhältnisse – hier die Welt des Hofes – dem Menschen als entfremdeter ‚Apparat' erscheinen, der ihn von der aktiven Teilnahme am öffentlichen Leben ausschließt und auf seine nur private Existenz zurückwirft. Bei aller berechtigten Kritik an Leonces oberflächlicher und arroganter Verdammung jeglicher Arbeit darf daher nicht vergessen werden, dass ihm eine konkrete Vorstellung von sinnvoller Arbeit wie auch nützlicher politischer Betätigung fehlt. Darum wirkt sein Regierungsprogramm utopisch und realitätsfern und insbesondere die Absicht, „das Ländchen mit Brennspiegeln" zu „umstellen" (S. 61), zeigt die Beschränktheit seines politischen Blickwinkels. Während das Programm Valerios Vorstellungen von Müßiggang entspricht, muss die Überwindung seiner Langeweile als ganz persönliche ‚Utopie' des Prinzen angesehen werden.

Spiel

Schon die Gattungsbezeichnung von *Leonce und Lena* – „Lustspiel" – hebt das Spielerische des Geschehens hervor, das hier vor den Augen des Zuschauers abläuft. ‚Spiel' ist jedoch – über die Form des Lustspiels hinaus – als Thema in Büchners Stück gegenwärtig. Besonders deutlich wird dies in Valerios Vision, kurz vor dem Eintreffen von Lena und ihrer Gouvernante:

> *Die Sonne sieht aus wie ein Wirtshausschild und die feurigen Wolken darüber wie die Aufschrift „Wirtshaus zur goldenen Sonne". Die Erde und das Wasser da unten sind wie ein Tisch,*

> *auf dem Wein verschüttet ist, und wir liegen darauf wie Spielkarten, mit denen Gott und der Teufel aus Langeweile eine Partie machen, und Ihr [Leonce] seid ein Kartenkönig, und ich bin ein Kartenbube, es fehlt nur noch eine Dame, eine schöne Dame* [...]. (S. 49)

In dieser für Valerio typischen Vorstellung vom Kosmos werden die Personen des Dramas zu **Spielkarten** und damit zu Objekten in einem Spiel, das „Gott und der Teufel aus Langeweile" veranstalten. Mit ihnen wird gespielt oder – skeptischer ausgedrückt – ihnen wird mitgespielt in dieser Partie zwischen den beiden großen Gegenspielern, die im üblichen Sinne ‚gut' und ‚böse' repräsentieren. In der Tat erlaubt der Handlungsverlauf von *Leonce und Lena* sowohl eine optimistische als auch eine pessimistische Interpretation.

Optimistisch stimmt zunächst das ‚Happyend', denn Prinz und Prinzessin können ihre Liebe verwirklichen und erfüllen damit zugleich die Erwartungen der Gesellschaft an sie. Ihr Verhalten zeigt eine auffällige Parallelität: Beide treten aus demselben Motiv die Flucht an und verlassen ihr aristokratisches Umfeld, treffen zufällig an einem beliebigen Ort aufeinander, verlieben sich und werden ohne Kenntnis der Identität des Partners miteinander verheiratet. Lena deutet dieses Geschehen im Rückblick als „Zufall", Leonce als „Vorsehung".

Spricht man von „Vorsehung", so sieht man hinter den Ereignissen eine höhere Instanz am Werk, die planend tätig ist und ihre schützende Hand über die Beteiligten hält. Der „Zufall" dagegen lässt sich mit Valerios kosmischer Vision in eine pessimistische Verbindung bringen, wo „Gott und der Teufel" Karten spielen. Sie verfolgen ja nicht ein bestimmtes Ziel, sondern tun es „aus Langeweile" – wie Valerio überhaupt vermutet, dass Gott die „Erschaffung der Welt" in Angriff nahm, weil er „Langeweile hatte" (S. 59). Ob nun aber „Zufall" oder „Vorsehung", „Spiel" oder planendes Handeln den Ausschlag geben – die Personen in Büchners Drama sind und bleiben unter solchen Voraussetzungen Spielfiguren, die auf dem ‚Schachbrett' des ihnen vorgezeichneten Geschehens hin- und her geschoben werden. Sie selbst können ihre Situation – sofern diese ihnen überhaupt bewusst wird – mit heiterer Gelassenheit auf Distanz halten. Ihnen kann ihr Wissen um die eigene Unfreiheit und Fremdbestimmtheit aber auch so nahe gehen wie Prinzessin Lena: „Aber warum schlägt man einen Nagel durch zwei Hände, die sich nicht suchten?" (S. 43) Entsprechend ihrem Charakter (vgl. *Interpretationshilfe,* S. 23–25) und als Frau, die sich in die Rolle des „Opferlamm(es)" (S. 44) fügen muss, empfindet die Prinzessin angesichts der über sie verfügten Heirat den Zwang der Verhältnisse so stark, dass sie schon den „Priester" mit dem „Messer" vor sich sieht. Wie Valerio entwirft auch sie ein Bild vom Kosmos, in dem aber – statt des eher beschaulichen Kartenspiels – „ein gekreuzigter Heiland" als Inbegriff universalen und ewigen Leidens den gesamten Vorstellungsraum besetzt (S. 44).

Hochzeitsszene im dritten Akt, Salzburg 1975

Auch Leonce empfindet seine Unfreiheit: „Mein Gott, was habe ich denn verbrochen, dass du mich wie einen Schulbuben meine Lektion so oft hersagen lässt?“ (S. 38) Doch versucht er sich auf zweierlei Art und Weise diese bedrückende Lage erträglich zu machen: Einerseits nimmt er selbst die Rolle eines „Schulmeisters“ ein, wenn er Hofmeister und Präsident wie „Schulbuben“ behandelt, sie in ihrem Auftreten und ihrer Sprache korrigiert (S. 30 f., 39 f.). Mit Rosetta treibt er sein Spiel, diesmal als gelangweilter fürstlicher Liebhaber im Verhältnis zu seiner Mätresse (S. 35–37). Andererseits spielt er mit sich selbst und versetzt sich in die Rolle eines grausamen und genusssüchtigen „Römer(s)“ (S. 37). Nach der Begegnung mit Lena probiert er einen Satz aus und beurteilt sich wie ein Schauspieler als Liebhaber: „Ich hab es, glaub ich, ganz melancholisch gesagt.“ (S. 50) Für seine Monologe spendet er sich Beifall: „Bravo, Leonce! Bravo!“ (S. 38). Auch Valerio vertreibt sich die Zeit mit **Rollenspielen**, jedoch unbefangener, da er als Narr diese Möglichkeit wie selbstverständlich für sich in Anspruch nimmt: „Ha, ich bin Alexander der Große! Wie mir die Sonne eine goldne Krone in die Haare scheint, wie meine Uniform blitzt!“ (S. 32)

Seinen großen Auftritt hat Valerio als ‚Spielleiter‘ in der Automaten-Szene, die als **Spiel im Spiel** gestaltet ist (vgl. *Interpretationshilfe,* S. 40–45). Valerio und Leonce finden einen gewissen Ausgleich für ihre Rolle als Spielfiguren in der Hand einer höheren Instanz – sei es nun Gott, der Teufel oder der Autor des Lustspiels, der sie ‚aus Sprache‘ geschaffen hat. Darauf bezieht sich Leonce, wenn er zu Valerio sagt:

> *Mensch, du bist nichts als ein schlechtes Wortspiel. Du hast weder Vater noch Mutter, sondern die fünf Vokale haben dich miteinander erzeugt.* (S. 41)

Den armen Leuten in Büchners Drama stehen solche Möglichkeiten, ihre Fremdbestimmtheit besser zu ertragen, nicht zur Verfügung. Die Bauern sind bloße Kulisse in einer ‚Inszenierung', für deren ‚Programm' Landrat, Schulmeister und Zeremonienmeister verantwortlich zeichnen. In scharfem Kontrast zu Leonces Rollenspielen verschafft ihnen ihre Rolle nicht ein Bewusstsein von Freiheit, sondern spiegelt ihre tatsächliche gesellschaftliche Situation als Ausgebeutete der höfischen Politik am unteren Ende der sozialen Stufenleiter deutlich wider.

So unterliegen in Büchners Lustspiel zwar alle Figuren der Spiellaune einer höheren Instanz, doch sind sie – je nach gesellschaftlicher Stellung und persönlichen Fähigkeiten – in unterschiedlichem Maße von dieser existenziellen Situation betroffen. In Briefen aus der Zeit seiner Beschäftigung mit *Dantons Tod* findet sich ein markanter Begriff für jene Fremdbestimmtheit: „Fatalismus“[4]. Auf seine Misserfolge als Revolutionär (vgl. *Interpretationshilfe,* S. 5 f.) reagiert Büchner mit Verzweiflung und einem tiefen Pessimismus. Sein Scheitern bei dem Versuch, die versteinerten gesellschaftlichen Verhältnisse in Bewegung zu bringen, begreift er als sinnloses Anrennen gegen ein „ehernes Gesetz“ der Geschichte, das man bestenfalls „erkennen“ kann, welches sich aber dem revolutionären Eingriff entzieht.

Automaten

In das Bild von den „Puppen … von unbekannten Gewalten am Draht gezogen“[5] fasst Büchner in *Dantons Tod* und in verschiedenen Briefen seine pessimistische Auffassung von der menschlichen Existenz. Von Marionetten ist in *Leonce und Lena* nicht direkt die Rede – die berühmte Automaten-Szene des Lustspiels bietet sich aber zum Vergleich an. Marionetten sind wie Automaten künstliche ‚Wesen', nur dass im Falle der Automaten die Außensteuerung durch einen inneren Mechanismus ersetzt ist, der den Anschein von Autonomie, also selbst gesteuertem Handeln, erweckt und den Unterschied zwischen natürlichem und künstlichem Menschen verwischen kann. In den Automaten verkörpert sich ein uralter Wunsch des Menschen, der schon im antiken Mythos von Prometheus – er erfand das Feuer als Prinzip des Lebens und schuf lebendige Wesen aus Ton[6] – seinen Ausdruck findet und die Fantasie heutiger Gen-Technologen beflügelt.

Zu Büchners Zeit – vom Ende des 18. bis etwa zur Mitte des 19. Jahrhunderts – kommt eine regelrechte **Automaten-Mode** auf, für die aus der Fülle der Beispiele ein Fall angeführt werden soll: „1835 überraschte Joseph Faber (ca. 1800–1850) die Öffentlichkeit mit seiner sprachgewandten *Euphonia,* die nach zeitgenössischen Berichten von allen Sprechautomaten am besten gesprochen haben soll. […] Die Euphonia, ein weiblicher Kopf auf einer mit Frauenkleidern drapierten Maschine, besaß 16 Tasten, die über Drähte dem menschlichen Sprechorgan ähnliche Gummiteile dirigierte. Die Luft spendete ein Blasebalg. […] Faber ging mit seiner Maschine auf Reisen und zeigte sie selbst in Amerika. […] Faber ist jedoch nicht reich geworden. Seine Euphonia brachte ihm kein Glück. Er zerschlug sie verzweifelt in Stücke und nahm sich anschließend das Leben.“[7] Ähnlich ergeht es der mechanischen Puppe Olimpia in der Novelle *Der Sandmann* (1816) des romantischen Schriftstellers E.T.A. Hoffmann (1776–1822), die bei einer Auseinandersetzung in Stücke gerissen wird. In sie hatte sich der Held der Erzählung, ein Student namens Nathanael, tatsächlich verliebt, und die Wahrheit über seine Angebetete raubt ihm fast den Verstand[8]. Jeder kennt die Geschichte von Dr. Frankenstein, der als ‚neuer Prometheus‘, so der Untertitel des englischen Romans[9], aus organischen Elementen ein monströses Wesen schafft, das er dann um jeden Preis wieder vernichten will.

Diese Beispiele zeigen, wie schnell die Faszination durch **künstliche Menschen** in pures Entsetzen umschlagen kann. Zunächst lassen sich die Automaten problemlos in die Fortschrittsgeschichte menschlicher Naturbeherrschung einordnen, die hier insofern einen Höhepunkt erreicht, als mithilfe der

Technik nun die ‚Krone der Schöpfung' – der Mensch – täuschend genau imitiert werden kann. Bei unkritischer Betrachtung befördern sie einen Optimismus, der den gesamten Prozess der Industrialisierung so lange begleitet, bis dessen Kehrseite in den Blick kommt: eine zunehmende Versachlichung aller Lebensverhältnisse, welche schließlich auch den Menschen ergreift und zum **technisch manipulierbaren Objekt** werden lässt – zum ‚Automaten'.

Büchner bezieht sich auf die hier skizzierten Zusammenhänge, wenn er Valerio bei der Vorführung der ‚Automaten' Leonce und Lena eine regelrechte Vorlesung halten lässt. Zwar sind auch seine Automaten nichts als „Walzen und Windschläuche", „Kunst und Mechanismus", „Pappendeckel und Uhrfedern" – doch „so vollkommen gearbeitet, dass man sie von anderen Menschen gar nicht unterscheiden könnte", denn sie „sind sehr edel" und „moralisch" und „sprechen Hochdeutsch". Doch nicht genug damit, zeigen sie gute Manieren, Bildung und musische Vorlieben. Den Höhepunkt aber spart sich Valerio für den Schluss seiner Rede auf:

> *Geben Sie Acht, meine Herren und Damen, sie sind jetzt in einem interessanten Stadium: der Mechanismus der Liebe fängt an, sich zu äußern* [...]. (S. 59)

Büchners ‚Automaten' fehlt das Bedrohliche. Die Szene wirkt weniger unheimlich als **komisch**, weil hier als Automaten maskierte Personen vorgeführt werden, deren betont individuelle Charakterzüge dem Zuschauer bekannt sind. Gerade Leonce und Lena stehen ja entweder in kritischer Opposition (Leonce) zu jenen oder ganz außerhalb (Lena) jener ‚automatischen' Verhaltensweisen und Lebensformen, die König Peter und die höfische Gesellschaft kennzeichnen (vgl. *Interpretationshilfe,* S. 29–31). Der gesamte Hof funktioniert schließlich wie eine mechanische Apparatur, die allerdings von Defekten befallen ist, wie eine Bemerkung des Zeremonienmeisters zeigt.

> *Es ist ein Jammer! Alles geht zugrund. Die Braten schnurren ein. Alle Glückwünsche stehen ab. Alle Vatermörder legen sich um wie melancholische Schweinsohren. Den Bauern wachsen die Nägel und der Bart wieder. Den Soldaten gehn die Locken auf. Die Herren Offiziere kommen um all ihre Haltung.* (S. 55 f.)

Da der höfische Apparat eben nicht aus menschenähnlichen Automaten, sondern aus **zu Automaten dressierten Menschen** besteht, die weniger ‚wartungsfreundlich' sind, ist die Zeremonie ständig bedroht. So entlarvt Büchners Lustspiel in erster Linie die absolutistische Hofgesellschaft, in einem weiteren Sinne aber auch alle bürgerlichen Lebensweisen, die den Menschen – durch strikte Arbeitsmoral, mechanische Zeiteinteilung usw. – zum gut funktionierenden ‚Automaten' machen.

Ein **Zusammenhang** gerade zwischen **Absolutismus** und **Automaten** liegt aber nahe, da Automatenkonstrukteure seit den dreißiger Jahren des 18. Jahrhunderts gerade an den europäischen Höfen sehr willkommen waren: „Die Faszination, die solche Kunstmenschen gerade bei Hofe erregen konnten, bestand wohl darin, dass die höfischen Menschen sich in ihnen spiegeln konnten. Die Automatenrollen, die Valerio dem Prinzen und der Prinzessin zudenkt, gehorchen solchen Regeln. Eben weil sie sich so höflich-höfisch gebärden können, sind diese Automaten in die höfische Gesellschaft zu integrieren."[10]

Wichtig erscheint hier die Einsicht, dass Leonce und Lena „Automatenrollen" **spielen** und **nicht** zu Automaten **werden**. Man kann ihre Rückkehr in die höfische Welt so verstehen, dass diese sie ‚einholt' und ihre universale Macht unter Beweis stellt – wobei Prinz und Prinzessin mit ihren parallelen Aktionen sich so „symmetrisch" verhalten, wie es König Peter von seinem Personal erwartet (S. 34). Doch nehmen sie am Ende des Lustspiels ihre Masken ab und zeigen eine Betroffenheit („Ich bin betrogen.", S. 60), die zwischen **Person** und **Rolle** eine klare Distanz herstellt. Inwieweit sie sich in die höfische Gesellschaft integrieren werden, lässt sich angesichts des offenen Dramenschlusses nicht beantworten. Vermutungen hierüber hängen wesentlich davon ab, wie man die Utopie versteht (vgl. *Interpretationshilfe*, S. 45–48).

Automatenszene in der Salzburger Aufführung

Zu erwähnen bleibt, dass Büchners ‚Automaten' nicht nur das politische System des **Absolutismus** und die bürgerliche **Arbeitsgesellschaft** kritisch widerspiegeln, sondern zusätzlich Tendenzen der damals ‚modischen' **Philosophie**. Das Vokabular, mit dem König Peter sich abmüht (S. 33 f.), verweist auf verschiedene Philosophen (Immanuel Kant, Johann G. Fichte), vor allem aber auf den Franzosen René Descartes (1596–1650), der am Beginn einer mathematisch-naturwissenschaftlich ausgerichteten Philosophie steht. Der seelenlosen ‚Mechanik' des Lebens am Hofe entspricht die moderne Philosophie, die alle Erscheinungen systematisch erklären und in Begriffe zwängen will – hier wie dort bleibt der Mensch mit seinen produktiven Möglichkeiten auf der Strecke. Trotz pessimistischer Anwandlungen in manchen Lebensphasen vertraut Georg Büchner dagegen grundsätzlich auf die Entwicklungsfähigkeit des Menschen und die Veränderbarkeit der Gesellschaft.

Utopie

‚Utopie' bedeutet in wörtlicher Übersetzung aus dem Griechischen ‚Nicht-Ort'. Für Utopien gibt es keine Entsprechungen in der Realität. Es gibt utopische Entwürfe philosophischer und literarischer Herkunft und solche von Politikern, denen man dann gerne mangelnden Realismus vorwirft. Büchners Utopie in *Leonce und Lena* ist eine typisch literarische, wie schon Leonces enthusiastische Äußerungen zeigen:

> *Der große Pan schläft, und die ehernen Gestalten träumen im Schatten über den tiefrauschenden Wellen von dem alten Zauberer Virgil, von Tarantella und Tamburin und tiefen, tollen Nächten voll Masken, Fackeln und Gitarren. Ein Lazzaroni! Valerio, ein Lazzaroni! Wir gehen nach Italien.* (S. 42 f.)

Der griechische Hirtengott Pan und Vergil, der große römische Schriftsteller und Verfasser von Hirtengedichten (‚Bukolika'), rufen Assoziationen an ein idyllisches Dasein außerhalb der zivilisierten Welt wach. Diese verbinden sich hier mit volkstümlichen Wunschbildern von Maskenfesten, nächtlichen Abenteuern und einem stark idealisierten Dasein als neapolitanischer Bettler („Lazzaroni"). Neben Griechenland ist vor allem seit der Romantik **Italien** das Land, in dem die Sehnsucht der Dichter nach einem besseren Leben Gestalt gewinnt.

In Büchners Lustspiel knüpfen Valerio und Leonce mit ihrem Regierungsprogramm an diese Tradition an. Somit gewinnt das Italienbild eine politische Qualität, denn der Prinz und sein Begleiter sind ja nicht in den Genuss italienischer Freiheit und Lebensfreude gekommen, sondern entwickeln aus ihren rein literarischen Vorstellungen bzw. volkstümlichen Klischees vom dortigen „dolce far niente" politische Reformideen für ihr Königreich. Ohne Zweifel sind es kaum realistische und vielmehr utopische, eher private als politische Wünsche, die sie verwirklichen wollen. Beide verallgemeinern die von ihnen bevorzugten Lebensformen per „Dekret". Ihr ‚politisches Programm' spiegelt nur aristokratische (Leonce) und parasitäre (Valerio) Interessen wider, wird aber das Volk, den eigentlichen Adressaten der Politik, nie erreichen. Unter solchen Voraussetzungen liegt der Schluss nahe, dass sich an den gesellschaftlichen Verhältnissen im Königreich Popo nichts ändern wird.

Büchner war sich der **Problematik** seiner Utopie bewusst. Als politisch fortschrittlicher Denker hatte er die liberalen Autoren des ‚Jungen Deutschland' heftig kritisiert und war in Frankreich mit sozialistischen Gruppen in Kontakt gekommen, die ihr Augenmerk auf das einfache Volk richteten und ‚Arbeit' gerecht organisieren wollten. Ein solcher Realismus der politischen Analyse kann aber von dem Lustspiel nicht erwartet werden. Denn anders als etwa der *Hessische Landbote*, unterliegt es keiner Bindung an praktische Zwecke (Aufklärung, Agitation), aber bestimmten Gesetzen der Gattung. Zu diesen Gesetzen gehört ein ‚Happyend' – wie künstlich und aufgesetzt es auch immer wirken mag, wobei gerade dies zu denken geben kann. Die Darstellung der bäuerlichen Arbeitswelt wäre jedenfalls im Rahmen des Lustspiels ohne Verharmlosung nicht möglich. Den Schluss des Lustspiels muss man, wenn man diesem gerecht werden will, daher auf Probleme beziehen, die in ihm selbst zum Ausdruck kommen: Langeweile und Einsamkeit, mechanische Zeit und steriles Hofleben. Gerade diese Probleme versuchen Leonce und Valerio mit ihrem „Dekret" zu bewältigen – mit welchem Erfolg, bleibt offen.

Will man den Schluss des Lustspiels richtig verstehen, darf vor allem der enge Zusammenhang zwischen **Utopie** und **Liebe** nicht übersehen werden. Wonach Leonce auf seiner Reise sucht, ist ja das „Ideal eines Frauenzimmers", das er – obwohl anders als erwartet – in Lena finden wird (S. 45). Zwar ist das Verhalten der Prinzessin so vieldeutig wie diese Figur überhaupt. Man kann darüber spekulieren, ob es der Prinzessin im dritten Akt ‚die Sprache verschlägt' und sie trotz ihrer Liebe am Hof nicht glücklich werden wird. Sie hat aber in Leonces Leben neue und entscheidende Weichenstellungen gesetzt. In der Liebe, die ihn zumindest aus seiner Einsamkeit befreit und vielleicht zusätzlich von deren Folgen – Langeweile und Lebensüberdruss – heilt, hat Leonce seine ganz persönliche Utopie gefunden. Aus dieser sind alle anderen Pläne eigentlich nur abgeleitet.

Eine solche Deutung wird zudem durch den **biografischen Hintergrund** gestützt – Büchner hatte ebenfalls während der Arbeit an *Leonce und Lena* mit widrigen Lebensumständen zu kämpfen. Alle seine Hoffnungen richteten sich auf die Beziehung zu Minna Jaeglé, und der Gedanke an die Verlobte war ausschlaggebend für seine Bemühungen um eine gesicherte bürgerliche Existenz (vgl. *Interpretationshilfe,* S. 6). Der Dichter konnte es sich nicht leisten, wie sein Held Leonce die „Wissenschaft" abzulehnen, und musste sich wohl oder übel unter die

„nützliche(n) Mitglieder der menschlichen Gesellschaft" einreihen (S. 42). Während der Prinz, einer Laune und seinen literarischen Lesefrüchten folgend, einfach nach Italien aufbrechen kann, muss Büchner sein ‚Italien' – die literarische Arbeit – immer wieder gegen Alltagssorgen und politische Verfolgung verteidigen. Dass er in dieser Situation ein Lustspiel mit utopischem Schluss und kein politisches Lehrstück schreibt, kann als Zeichen von Resignation verstanden werden und verträgt sich durchaus mit seiner pessimistischen Haltung, gegen den ‚Fatalismus der Geschichte' nichts ausrichten zu können.

Der utopische Schluss des Lustspiels

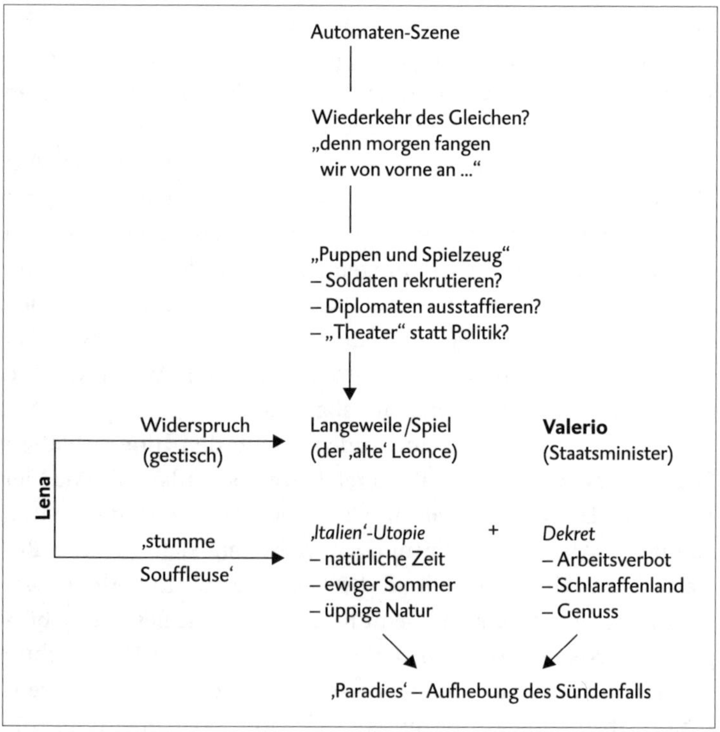

3 Der Aufbau des Dramas

Mit seinen **drei Akten** erfüllt *Leonce und Lena* das Aufbauschema des – neben dem Fünf- und Einakter – häufigsten Dramentyps. Dabei wird in der Regel im ersten Akt nach einer Exposition (Einführung zentraler Personen, Themen etc.) die steigende Handlung auf einen Höhepunkt zugeführt, den sie im zweiten Akt erreicht, wo zugleich ein Umschwung (griech. ‚Peripetie': ‚Glückswechsel') stattfindet. Dieser bestimmt den weiteren Verlauf der Ereignisse bis zum ‚katastrophalen' (Tragödie) oder versöhnlichen Ende (Komödie).

In Büchners Lustspiel erstreckt sich die Exposition des ersten Aktes vor allem auf Leonce und – in zweiter Linie – Valerio, während die Prinzessin erst in der letzten Szene (I,4) kurz in den Blick des Zuschauers kommt. Ihr ‚Akt' ist der zweite, denn im dritten ist sie lediglich als ‚stumme Person' auf der Bühne anwesend, wenngleich sie auf das ‚Happyend' durch kleine Gesten entscheidend Einfluss nimmt. Der Autor hat darauf verzichtet, den parallelen Weg seiner beiden Hauptfiguren symmetrisch und damit gleichgewichtig in der Dramenhandlung abzubilden, indem er auf Leonce und seine Situation am Hofe von Popo eindeutig mehr Wert legte und diese Person als mögliche Identifikationsfigur überhaupt in den Mittelpunkt des Geschehens rückte. Trotzdem zeigt der Dramenaufbau in anderer Hinsicht eine **symmetrische Anlage**, insofern der erste und dritte Akt – mit den Ausnahmen von I,4 und III,1 – am königlichen Hof von Popo spielen, der Schauplatz des Mittelaktes aber eine nicht näher bestimmte Reisestation (Wirtshaus und Garten) ist. In der Abfolge der Akte kommt somit eine auch inhaltlich bedeutsame Bewegung zum Ausdruck, die von einem Ort weg und wieder zu ihm zurück führt.

Die drei Akte sind wiederum in Szenen untergliedert, deren strukturelle Anordnung ebenfalls Auffälligkeiten zeigt. In den Rahmenszenen des ersten Aktes (I,1 und I,4) erleben wir Prinz und Prinzessin jeweils in einem Garten, bevor sich in einem Wirtshausgarten die entscheidenden Begegnungen zwischen ihnen ereignen. Das unauffällige Arrangement verweist auf die planende Hand des Autors. Hinzu kommt, dass ihr erstes Aufeinandertreffen genau in der Mitte des Lustspiels stattfindet, denn die **zweite Szene des zweiten Aktes** ist die sechste von insgesamt elf Dramenszenen. Gemäß dem oben skizzierten Aufbauschema von Dreiaktern bildet sie die **Achse des Stücks** im Sinne einer entscheidenden Wendung und Weichenstellung für den weiteren Gang der Handlung. Und in der Tat lässt sich aus der ersten Begegnung der Königskinder alles Weitere ableiten: Liebe (Leonces Kuss in II,3), Rückkehr an den Hof, Heirat und Regierungswechsel.

Gewiss kommt der nächtlichen Gartenszene (II,3) eine besondere Bedeutung zu, wie auch die Überraschung – bezogen auf die Figuren, nicht den Zuschauer – im Anschluss an die Vorführung der Automaten einen deutlichen Akzent setzt. Dennoch lässt sich die zentrale Stellung von II,2 als auslösendes Moment für die Vorgänge im dritten Akt behaupten. Eine streng **kausale Ereignisabfolge** verklammert Liebe, Rückkehr, Heirat und selbst Herrschaft, denn die Übernahme des königlichen Amtes besiegelt nur die aus Liebe unternommene Rückkehr in die Heimat und bringt die Bewegung im offiziellen politischen Akt an ihr Ende, lässt sie also ‚erstarren'.

Ob man das utopische Regierungsprogramm allerdings als erneute Wendung hin zu einer hoffnungsvolleren Zukunft begreift, hängt ganz vom individuellen Verständnis der Textstelle ab.

Der Aufbau des Dramas

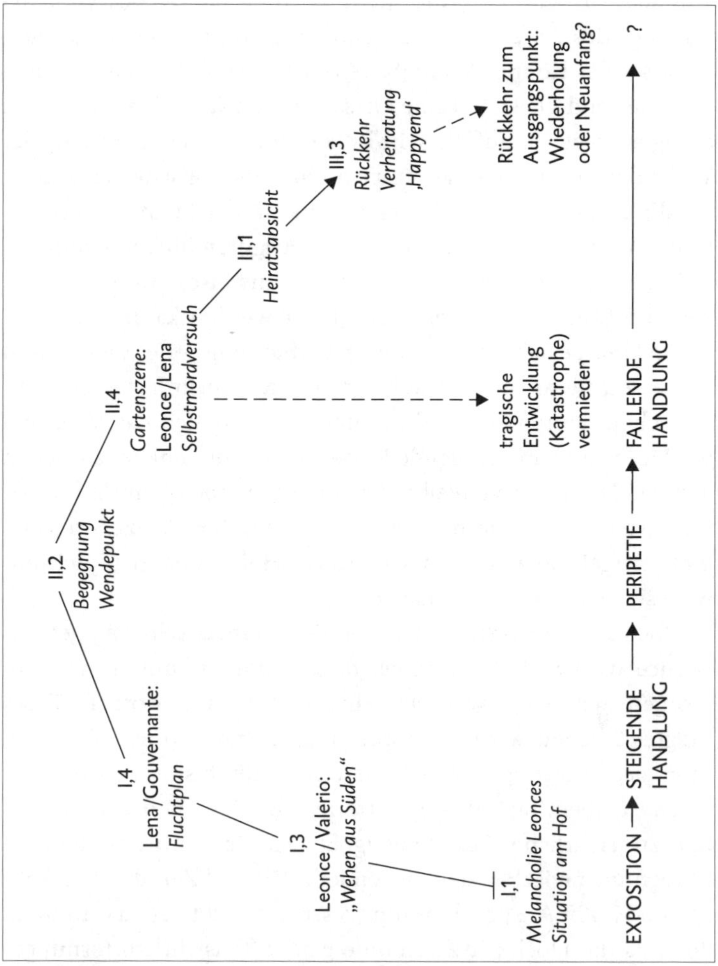

Die **Schauplätze** des Dramas umfassen Innen- und Außenräume. Mit Ausnahme der Rahmenszenen spielt sich das Geschehen im ersten Akt – zu etwa zwei Dritteln – in Innenräumen ab. Im dritten Akt ist die Relation noch eindeutiger: Hier konzentriert sich die Handlung auf die dritte Szene im Großen Saal des königlichen Schlosses, die mehr als drei Viertel des Gesamtumfangs des Aktes ausmacht. Auch die zweite Szene „vor dem Schlosse des Königs Peter“ (S. 54 f.) ist diesem Bereich zugeordnet, während die erste keine Ortsangabe enthält. Der zweite Akt dagegen spielt bis auf die sehr kurze dritte Szene im Freien. Der Wahl der Schauplätze kommt so eine symbolische Bedeutung zu, die mit der Akt- und Szenenstruktur, der Figurenkonstellation und mit dem ‚Schicksal‘ der Hauptfiguren übereinstimmt.

Recht spärlich dagegen sind die Hinweise, aus denen die **Zeitstruktur** des Lustspiels abgeleitet werden kann. Zwischen den Akten besteht keine strenge Verbindung – der zweite und dritte setzen so unvermittelt ein wie der Beginn des Dramas. Zwischen dem ersten und zweiten hat man sich das Verlassen des Hofes und anstrengende Reiseetappen zu denken, zwischen den beiden anderen bleibt die Situation noch unbestimmter. Eine weitere Annäherung zwischen Prinz und Prinzessin muss hier stattgefunden, der Entschluss zur Heirat und zur Rückkehr wird sich daraus ergeben haben.

Doch ist der zeitliche Rahmen des Dramas sehr eng gefasst: Leonce wird in I,3 verkündet, dass er die Ankunft Lenas „auf morgen sich zu gewärtigen“ hat (S. 40); am Morgen dieses „Tag(es)“ sehen wir die Prinzessin „im Brautschmuck“ (S. 43). Etwa gegen Mittag – Valerio berechnet die bisherige Reise auf einen „halben Tag“ (S. 45) – treffen die Personen aufeinander und zu nächtlicher Stunde ereignet sich die traumwandlerische Begegnung zwischen den Liebenden. Wie viel Zeit die Rückkehr an den Hof in Anspruch nimmt, lässt sich nicht genau ermitteln, doch da die Hochzeitszeremonie ganz offensichtlich termingerecht durchgeführt werden kann, wird man jene bereits auf den folgenden Tag ansetzen müssen. Dies vorausgesetzt, umfasst das Geschehen des Lustspiels insgesamt etwa drei Tage und entspricht damit der Dreiaktigkeit des Dramenaufbaus. Die Handlung vollzieht sich in einem außergewöhnlichen Tempo und scheint über die Köpfe der Personen hinweg entschieden ihrem Ende entgegenzustreben. Dieser Sachverhalt bestätigt nur die Beobachtung, dass die Figuren der ‚Regie' eines Spielleiters folgen oder – pessimistisch formuliert – sich dem ‚Fatalismus' ihres vorbestimmten Lebensweges nicht entziehen können.

Die drei aufgelösten ‚klassischen' Einheiten (Handlung, Ort und Zeit) erfüllen damit die Merkmale des **modernen Dramas der offenen Form**.

4 Literarische Form

Nach einer oft zitierten Definition wird **Lustspiel** seit dem 18. Jahrhundert als „Ersatzwort für Komödie" verwendet, es handelt sich aber um eine „im Gegensatz zu der aus der Komik abgeleiteten Komödie [...] aus der Haltung des Humors entstandene Dramenform; [sie] bezweckt nicht Lächerlichkeit durch Aufdeckung der Unzulänglichkeiten, sondern reines Lachen der Heiterkeit, entstanden aus der Überlegenheit des Wissens um menschlich-irdische Bedingtheit und getragen von einer fröhlich verzeihenden, weil verstehenden Liebe zu Mensch und Natur, welche die Gegensätzlichkeit der Welt anerkennen, aber nicht richten oder ändern will."[11]

An *Leonce und Lena* fühlt man sich durch diese lexikalische Begriffsbestimmung nicht erinnert – im Gegenteil: Versöhnlicher ‚Humor' zählt kaum zu den hervorstechenden Eigenschaften von Büchners Lustspiel. Hingegen treffen die durch die Definition gerade ausgeschlossenen Merkmale der „Lächerlichkeit" und „Aufdeckung der Unzulänglichkeiten" ebenso zu wie der Eindruck, dass der Verfasser die dargestellten Verhältnisse „richten" und „ändern" will. Büchner hat sich um herkömmliche Charakteristika der Gattung wenig gekümmert und verfolgte ganz andere Interessen. Diese Interessen galten Bereichen, von denen schon die Rede war: soziale Milieus, politische Herrschaft, das Verhältnis zwischen Individuum und Geschichte, philosophische Systeme und utopische Entwürfe.

Die Gestaltung dieser und anderer Themen macht die besondere Qualität des Stückes aus, dessen äußere Handlung sehr einfach konstruiert ist. Nicht zielgerichtete Handlungen oder überraschende Entscheidungen stehen im Mittelpunkt des Lustspiels, sondern das Befinden, die Ideen, sprachlichen Eigenarten und Gefühle der Figuren, die oft über sie hinaus und auf allgemeine Probleme verweisen. Äußeres Handeln im Sinne von Aktion auf der Bühne kommt am stärksten in jenen Szenen zum Tragen, die das offizielle Leben am Hofe zeigen. Doch was hier geschieht, folgt ganz den dort üblichen Verhaltensregeln, ist vorhersehbar wie die Ankleidezeremonie des Königs. Genau diese Situation aber – versteinerte politische Verhältnisse einerseits, kreative Ideen und melancholische Gefühle in den Köpfen und Herzen vieler Menschen andererseits – findet Büchner in der Realität vor. Sie erregt seinen Zorn umso mehr, als er sich mit ‚Ideen' nicht zufrieden geben will und ihm gleichzeitig bewusst ist, auf welche Widerstände revolutionäres Handeln stößt.

Lustspiele muss man nicht frei erfinden, liefert doch die **politische Wirklichkeit** laut Büchner genügend Anschauungsmaterial: ‚Hauptdarsteller' sind hier die regierenden Fürsten des Deutschen Bundes, unfreiwillig unterstützt von der liberalen Opposition, die im illusionären Vertrauen auf die Macht des Gedankens der Gewalt abgeschworen hat und damit ihren Beitrag zur Erhaltung der bestehenden Verhältnisse leistet. Das Volk lässt sich durch verlogene Phrasen und falsche Versprechungen täuschen und applaudiert noch der allgemeinen „Affenkomödie". Als passiver Mitspieler wird es selbst zu deren Bestandteil – so wie die Bauern in *Leonce und Lena*.

Lustspiel und gesellschaftliche Realität

Fiktive Realität des Lustspiels	→	**Gesellschaft**
König Peter – Prinz Leonce – Prinzessin Lena – höfisches Personal …	‚Parasiten' Müßiggang ‚ewiger Sonntag'	Aristokratie
Valerio	mehrdeutige Person Widersprüche	(‚Narr': Parasit? Krimineller? Systemgegner?)
Landrat, Schulmeister	im Dienst des Hofes gegen das einfache Volk	Bürgertum (Besitz und Bildung – auch Liberale)
(Bauern: ‚sprachlose Kulisse')	„langer Werktag" Objekte der Ausbeutung	Bauern (Masse der Bevölkerung)
→ Möglichkeiten und Gesetze der Gattung: Satire, Groteske, Parodie … Utopie als ‚Happyend' (?)	Aktivierung des Zuschauers?	→ politische Analyse und revolutionäres Handeln
LUSTSPIEL *Leonce und Lena*		FLUGBLATT *Der hessische Landbote*

Der Humor Büchners ist kein heiter-humorvolles Lachen über die Zustände im Lande, sondern lässt sich als deren Verlachen kennzeichnen, das durch Zorn und Verbitterung hervorgerufen wird. Büchner bedient sich daher in *Leonce und Lena* eines breiten Spektrums an komischen Darstellungsformen mit der Absicht, nicht nur die herrschende Klasse zu entlarven, sondern auch Verhaltensweisen und Weltanschauungen, die angesichts der Misere einen gewissen Trost versprechen.

- Bei seiner Darstellung der höfischen Welt greift Büchner auf die **Satire** zurück, indem er die dortigen Missstände durch Übertreibung anprangert. Der „Verachtung, Entrüstung und Lächerlichkeit" sollen die Akteure im Zentrum der politischen Macht preisgegeben werden. Die Zuschauer werden zu „Richtern" aufgerufen, wobei die Hoffnung des Satirikers dahin geht, „durch Aufdeckung der Schäden eine Besserung zu bewirken."[12]
- Büchners satirische Darstellung geht an manchen Stellen seines Lustspiels in die **Groteske** über. Diese gilt als „Dichtart des Derbkomischen, Närrisch-Seltsamen" und stellt „Gegensätzlichstes und Unvereinbares […] in paradoxem (widersinnigem) Fantasiespiel in übermütiger, verblüffender Weise nebeneinander"; sie ist eine „Gegenströmung gegen jeden Vernunftglauben einerseits und Zeichen einer Verfremdung gegen die Welt andererseits"[13]. Die Groteske treibt den für die Satire typischen Widerspruch zwischen „Ideal und Wirklichkeit" so weit, dass beides auseinander bricht und die von Idealen verlassene Realität nur noch Unvereinbares zeigt, das beziehungslos nebeneinander steht. In *Leonce und Lena* entspricht ihr vor allem die Charakterisierung König Peters.
- Eine weitere komische Darstellungsform mit kritischer Ausrichtung ist die **Parodie**. Man versteht darunter im Allgemeinen die „verspottende, verzerrende oder übertreibende Nachahmung eines schon vorhandenen, ernst gemeinten

Werks oder einzelner Teile daraus unter Beibehaltung der äußeren Form, doch mit anderem, nicht dazu passenden Inhalt."[14] *Leonce und Lena* kann insofern als Märchenparodie verstanden werden, als Büchner mit der unglücklichen Braut und der Zusammenführung der beiden Königskinder typische Märchenmotive aufgreift. Doch das betont einfache Handlungsschema des Dramas wirkt wie ein bloßes Zitat einer sehr allgemeinen äußeren Form vieler Märchen, die jedoch mit ganz anderen, ja gegensätzlichen Inhalten (vgl. *Interpretationshilfe,* S. 54) gefüllt wird. – Das zum Märchen gehörende ‚Happyend', die Staatsutopie, kann ebenfalls als Parodie gelten: Denn als paradiesischer Zustand ohne Arbeit verweist sie auf den biblischen Sündenfall, der sozusagen rückgängig gemacht werden soll. Die „Brennspiegel(n)" Leonces lassen sich als Parodie auf den ‚ewigen Sommer' zeitgenössischer Italien-Utopien beziehen. Utopien dieser Art und die Gattung ‚Märchen' sind typisch für die Epoche ‚Romantik', die Büchner parodistisch behandelt, weil sie ihm als zu realitätsfern gilt. Diese Haltung kommt immer dort zum Ausdruck, wo Valerio ‚romantische' Empfindungen auf komische Art und Weise kommentiert.

- Schließlich sind **Ironie** und **Witz** weitere Formen, in denen sich die Komik des Lustspiels entfaltet. Leonces Ausprobieren verschiedener Rollen zeigt eine ironische Distanz zur eigenen Person, denn um die eigene innere Leere auszufüllen, muss er sich verstellen (Ironie von griech. ‚Eironeia': Verstellung). Er nennt sich einen „Römer" (S. 37) und weiß doch zugleich, dass er als melancholischer Erbprinz eines winzigen Ländchens (S. 56) dieser Rolle gar nicht gewachsen ist.
  Durch den Wortwitz in den Dialogen (vgl. *Interpretationshilfe,* S. 61 f.) werden verschiedene Bedeutungen ‚kurzgeschlossen', sodass eine komische Verwirrung des offiziellen Sprachgebrauchs entsteht.

Alle diese Formen komischer Darstellung haben eines gemeinsam: Sie behandeln politische Zustände, Weltanschauungen und literarische Formen, die der Autor als veraltet empfindet. Dies lässt sich deutlich am Absolutismus zeigen, der im komischen Widerspruch zur beginnenden Industrialisierung steht. Die Form des Lustspiels bot sich für Büchner als Möglichkeit an, die bestehenden Verhältnisse hinter der Maske einer ‚harmlosen Komödie' entlarven zu können. Gegenüber Zensurbeamten konnte außerdem darauf hingewiesen werden, dass Büchners Lustspiel mit seinen Anspielungen eine **Literaturkomödie** sei. Dies trifft zu, wie an den wichtigsten Beispielen gezeigt werden soll, doch ist damit nur eine Dimension des Dramas benannt:

- **Commedia dell'arte**: Die volkstümliche italienische Stegreifkomödie hat einen grob feststehenden Handlungsverlauf und bedient sich ebenfalls vorgegebener Figurentypen. Diesen lassen sich die Hauptfiguren in Büchners Lustspiel zuordnen: Leonce dem Arlecchino, Valerio dem Truffaldino, Lena und Rosetta der Colombine, der König dem vertrottelten Pantalone. Büchner hat diese schematischen Rollen individuell so weit ausgestaltet und zu Charakteren geformt, dass sie für die inhaltliche Deutung des Stücks nichts hergeben und nur dessen spielerische Qualität betonen.
- **Shakespeare**: Das Motto zum ersten Akt (S. 30) verweist auf das Vorbild des Dramatikers. Unter anderem in *As You Like It* fällt Shakespeares Narren die Aufgabe eines witzigen Kommentators zu, der die eigentliche Handlung auf der Ebene der ‚Herrschaften von Stand' begleitet und daraus seine Lebensweisheiten entwickelt. Valerio ist den Narrenfiguren einerseits nachgebildet; andererseits gehört er nicht nur zur Haupthandlung, sondern rückt sogar in den Mittelpunkt. Durch ihre Vorgeschichte hat Büchner die Figur aufgewertet. Ihre Mehrdeutigkeit als Krimineller, Politiker, Landstreicher und Narr verschafft ihr ein unverwechselbares Profil.

- **Clemens Brentano, *Ponce de Leon*:** Unter den romantischen Vorlagen ist Brentanos schon vom Titel her ähnliches Lustspiel die wichtigste. Ihr sind das Thema der Langeweile eines jungen Prinzen, Teile der Figurenkonstellation und der Wortspiel-Dialog entnommen. Leidet jedoch Brentanos Held an Langeweile aus unerfüllter Liebe, so ist Leonces Langeweile ein Symptom des Lebens am Hofe. Überhaupt fehlt die satirische Sozialkritik von *Leonce und Lena* hier ganz. Dem Thema entsprechen die unterschiedlichen Schauplätze: Brentano verlegt die Handlung nach Spanien, Büchner spielt mehrfach auf ein Fürstentum des Deutschen Bundes an. Während für Ponce der Weg zur Geliebten zur Genesung wird, bleibt Leonces persönliche und politische Entwicklung offen.

Warum schrieb Büchner ein Lustspiel?

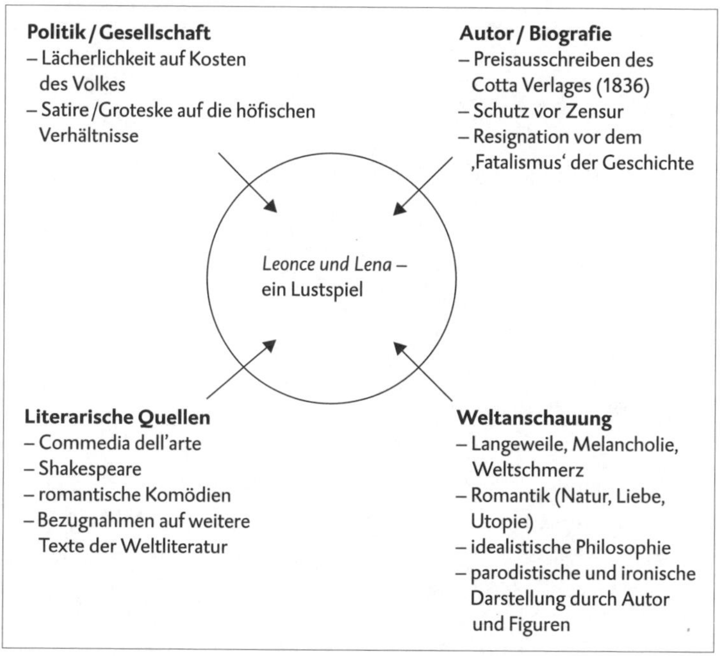

5 Figurensprache und Kommunikation

Herkömmliche Vorstellungen von einem dramatischen Gespräch werden in *Leonce und Lena* weitgehend enttäuscht: Man untersucht es in der Regel im Hinblick auf sprachliche Strategien der Dialogpartner, eine logische Abfolge von Gesprächsthemen, Wendepunkte und Ergebnisse. Die Dialoge Leonces mit seinem jeweiligen Gegenüber und andere Gespräche bei Hofe entziehen sich zum überwiegenden Teil solchen Maßstäben. Absichten kommen eher beiläufig ins Spiel oder bleiben im Hintergrund (Rosetta-Szene), oft können sie gar nicht sprachlich umgesetzt werden oder geraten in Vergessenheit (König Peter). Die Gesprächsthemen erscheinen in ihrer Beliebigkeit oft austauschbar und erfüllen dann ihren Zweck, wenn sie Anlass zu witzigen Formulierungen geben.

Die wichtigsten Dialogtypen werden hier kurz dargestellt:

- Die Dialoge zwischen **Leonce und Valerio** sind – durch die enge Verklammerung von Rede und Gegenrede (Replik) – der Form nach als dramatische Gespräche gestaltet, d. h. sie zeigen in ihrem Ablauf Dynamik und steigern sich oft zu einem regelrechten ‚Schlagabtausch' mit Worten – manchmal an der Grenze zu Handgreiflichkeiten (S. 39). Es geht in ihnen nicht, wie im klassischen Drama, um ein Gegeneinander von Interessen. Ihre Gespräche umkreisen immer wieder dieselben Themen und dienen letztlich der Selbstbestätigung, die der ‚Selbstbespiegelung' Leonces in seinen Monologen vergleichbar ist. Doch ist Valerio keinesfalls ein bloßes ‚Echo' Leonces, denn ihre Dialoge werden in Gang gehalten durch Wortgefechte, die weniger bestimmte Inhalte als vielmehr die Beziehung zwischen ihnen betreffen. Diese ist von Anfang an festgelegt durch bestimmte Rollen: auf der einen Seite der starken Stimmungsschwankungen ausgesetzte, von Zweifeln geplagte Leonce, auf der anderen der sich erfindungsreich durchs Leben schlagende, spöttische Valerio. Der Kontrast zwischen diesen Rollen sorgt für ständige Reibungen und Spannungen, die aber unschädlich bleiben und komisch wirken, weil sie sich in den Wortspielen der Dialoge entladen. Meistens ist es Valerio, der von Leonce eingebrachte Begriffe (z. B. „Ideal" S. 32; „Erziehung" S. 39; „erbaulich(er)" S. 46; „Weg" S. 50) aufgreift, in neue Zusammenhänge bringt oder durch ähnlich klingende Worte mit anderer Bedeutung („Erzeugung" statt „Erziehung") ersetzt. Durch solchen Wortwitz, der Unterschiedliches blitzartig gleichschaltet, wird der Prinz auf den Boden der Tatsachen zurückgeholt (vgl. S. 52: „lassen" – „gelassen" – „Wasser lassen"), was zudem den nächsten ‚Schlagabtausch' herausfordert.

- Die beiden Gespräche zwischen **Leonce und Lena** sind als ein Nebeneinander der Stimmen aufgebaut, sie erscheinen wie für ein Hörspiel verfasst. Hier spielen sich die Dialogpartner ebenfalls Worte zu (S. 50, 52), die aber ihrem Stimmungsgehalt entsprechend aufgegriffen und weiterverwendet werden. Während Valerios Sprachwitz eine Leistung des Verstandes ist, der weit Entferntes zwecks Ernüchterung des Gegenübers zusammenzwingt, sind die Schlüsselworte („Weg", „Tod", „Schlaf", „Traum" usw.) hier assoziativ aneinander gereiht und fügen sich zu einem Wortgeflecht. Dadurch entsteht der Eindruck, dass die Stimmen ineinander fließen und ein auf zwei Personen verteilter Text vorgetragen wird. Verstärkt wird dieses Bild durch auffällige Klangwirkungen, hervorgerufen durch ein abwechslungsreiches Zusammenstimmen aller fünf Vokale auf engem Raum (Vokalismus, S. 52) und Überkreuzstellung (Chiasmus) von Worten (z. B. „Träume... selig"/„seliger Traum" S. 52). Als weiteres verbindendes Element kommt der Satzrhythmus hinzu, z. B. wenn Lena das jambische Metrum Leonces („und jeder Tropfen Blut misst seine Zeit …“) aufgreift („Und müden Augen jedes Licht zu scharf …“) und über vier Zeilen fortsetzt. Das Gespräch nähert sich dadurch einem Gedicht an und wird lyrisch. Seine poetische Sprache wird zum ‚Medium‘, das die Personen in sich aufnimmt und sie, unabhängig von Absichten und Strategien, einander annähert.

- Das Gespräch zwischen **Leonce und Rosetta** nimmt eine Mittelstellung ein: Einerseits ergibt sich ein schneller, mit Wortspielen gewürzter ‚Schlagabtausch‘ und die Personen begegnen sich im Hin und Her der Schlüsselbegriffe frontal. Andererseits fehlen starke Kontraste, da beide ein Gefühl von Lebensüberdruss umfängt. Außerdem sorgen Leonces bilderreiche Sprache, Vokalismen und Chiasmen, vor allem aber Rosettas melancholisches Tanzlied für poetische Wirkungen, denen aber das Zauberhafte und Traumwandlerische der Leonce/Lena-Szenen mangelt, weil sie beabsichtigt sind. Während sich die Stimmen von Prinz und Prinzessin zu einem lyrischen Text verweben, steht Rosettas einfaches Lied in keiner Beziehung zur künstlichen Sprache Leonces, woran sich die „sterbende Liebe“ der beiden ablesen lässt (S. 35 ff.).
- Die offizielle **Kommunikation am Hof** entspricht der seelenlosen ‚Mechanik‘ der dortigen Verhältnisse, spiegelt aber auch deren Anfälligkeit für Störungen wider. Das sprachliche Verhalten der Personen wird vollständig durch die Rolle definiert und ist dadurch von der Stellung innerhalb der Hierarchie abhängig. Ihrer Austauschbarkeit als höfische Amtsinhaber entsprechend gewinnen Figuren wie der Präsident, Hof- und Zeremonienmeister auch sprachlich keine Individualität. Sie bedienen sich umständlicher Ausdrucksweisen, die wie vorgefertigt und in ihrer formelhaften Höflichkeit besonders dann unfreiwillig komisch wirken, wenn sie – wegen ständiger Unterbrechung (Leonce) – nur Bruchstücke von sich geben können (S. 40). Ansonsten verhalten

sie sich echohaft zu den Äußerungen ihrer Herrschaft (S. 30, 34 f., 56 f.). Die von oben nach unten laufende Befehlskette endet bei den völlig ‚sprachlosen' Bauern, die vom Schulmeister im Befehlston dressiert werden und nur ein stammelndes „Vivat!" von sich geben dürfen. In dieser Szene wie auch beim Gespräch des Zeremonienmeisters mit den Bediensteten (S. 54 ff.) herrscht – anstelle der floskelhaft ‚glatten' höfischen Sprache – eine derbe Sprache vor, die im Unterschied zur Verlogenheit des offiziellen ‚Programms' die Lächerlichkeit der ganzen Veranstaltung kenntlich macht.
Eine besondere Pointe der satirischen Darstellung des Hoflebens besteht aber darin, dass der ‚Mann an der Spitze' im Grunde genauso ‚sprachlos' ist wie die Bauern am anderen Ende der sozialen Skala: Ausgerechnet König Peter, der als einziger Dirigent des absolutistischen Herrschaftsapparats dessen Regeln nicht unterworfen ist, könnte seine Persönlichkeit zum Ausdruck bringen. Doch ist er schon durch die einfachsten Amtsgeschäfte überfordert (S. 34 f.). Erst recht, wenn Peter von sich selbst sprechen will, geraten ihm die Begriffe in „Verwirrung". Banales (Kleidung) und Abstraktes (Philosophie) geraten derart durcheinander, dass das eigene ‚Ich' in den Strudel einer zerfallenden Sprache gerät und sich selbst nicht mehr identifizieren kann (S. 34).

Die ‚Sprachwelt' des Dramas besteht im Wesentlichen aus der teils melancholischen, teils witzigen, immer aber geistreichen und mit außergewöhnlichen Bildern (vgl. u. a. S. 38) angereicherten Sprache Leonces; zweitens der spaßhaften, derben Sprache Valerios mit ihren spontanen Wortspielen (vgl. S. 41: „kommen") und sperrigen Bildern, die – wie der Witz – Unterschiedliches zusammenmischen und jede poetische Eleganz vermissen lassen (vgl. S. 47: „Ei, ihr lieben Hosen"; S. 48: „Nun, Prinz"). Hinzu kommt drittens die romantisch-lyrische Sprache

Lenas, die auch dann ein dichtes Gewebe von Anspielungen aufweist, wenn sie in ihrer Verzweiflung auf biblische Bildbereiche zurückgreift und diese kreativ umsetzt (S. 43 f.). Sie bewegt sich immer ganz außerhalb einer auf Verständigung abzielenden Alltagssprache. Schließlich und viertens ist die zu Floskeln erstarrte Sprache des Hofes zu nennen, die keinen persönlichen Ausdruck zulässt und ganz in der Funktion aufgeht, den absolutistischen Herrschaftsapparat in Gang zu halten, was allerdings nur mit großer Mühe gelingt.

In Büchners *Leonce und Lena* – so ist festzuhalten – kommen Freiheit und Unfreiheit, ‚Reichtum' und ‚Armut' der Figuren in ihrer jeweiligen Sprache zum Ausdruck.

6 Interpretation von Schlüsselstellen

Erste Begegnung (II,2)

Die vorliegende Szene besteht aus drei Teilen: Der erste und dritte enthält ein Gespräch zwischen Leonce und Valerio, im mittleren treten Lena und ihre Gouvernante auf, woraus sich ein kurzer Wortwechsel zwischen einerseits Valerio und der Begleiterin Lenas, andererseits Leonce und der Prinzessin ergibt. Der Anfangs- und Schlussteil bilden einen sehr breiten Rahmen für den kurzen mittleren Teil der Szene. Daran lässt sich schon erkennen, dass die Welt Leonces und Valerios im Mittelpunkt steht, dagegen die mit Lena verbundene Stimmung hier nur eine kurze, allerdings **wirkungsvolle Episode** bleibt.

Das die Szene einleitende Gespräch zwischen Leonce und Valerio ist typisch für die meisten Dialoge in *Leonce und Lena:* Es bringt die Handlung nicht voran. Der Reiz der Unterhaltung besteht in der Art und Weise, wie die Beziehung zwischen Leonce und seinem Begleiter erneut ‚durchgespielt' wird. **Valerio** lässt sich durch Leonce nicht aus der Ruhe bringen und hält unbeirrt an seiner einfachen Lebensphilosophie fest, die sich in der bekannten Devise ‚In vino veritas' (‚Im Wein liegt die Wahrheit') zusammenfassen lässt: Seine vier Beiträge zum Gespräch gelten diesem Thema, das man somit als **Leitmotiv** seiner Rede bezeichnen könnte. Zunächst spielt er auf das Tauschgeschäft an, von dem schon vorher die Rede war (S. 47), und verwendet dabei besonders ‚schiefe' und unbeholfene, bildhafte Formulierungen, welche die ausgetauschten Objekte und den Weingenuss („Hosen"/„Getränk", „Stiefel"/„Kehle", S. 48) wie in einer surrealen Collage miteinander ‚verkuppeln'.

In einem zweiten Anlauf scheint Valerio sich Leonces Sprache anpassen zu wollen, indem er poetische Metaphern („Meer des Weines", „Kelch der Weinblumen", S. 48) verwendet, doch der plumpe Vergleich des Glases mit einer „Taucherglocke" (S. 48) schränkt deren Wirkung ein und bestätigt seine Unsicherheit auf dieser sprachlichen Ebene. Daher findet er in seiner dritten Äußerung zum konkreten, ‚handfesten' Vergleich der zuverlässigen „Flasche" mit einer unbeständigen „Geliebte(n)" zurück.

Ihren Höhepunkt aber erreicht die Darstellung von Valerios Lebensphilosophie mit dem breit ausgemalten Bild vom **Kosmos** als einem einzigen großen „Wirtshaus": „Tisch", „Wein", „Spielkarten" und „Lebkuchenherz" verbinden sich zu einem idyllischen Gesamteindruck und lassen die endlose Weite des Kosmos auf eine gut überschaubare und einladende Szene zusammenschrumpfen. Die Harmlosigkeit der Darstellung wird deutlich, wenn man sie mit den äußerst unruhigen, beängstigenden Naturbildern Leonces vergleicht, auf die Valerio hier antwortet: Von „langen weißen Schatten" ist da in Bezug auf die Wolken die Rede, die Erde „hat sich ängstlich zusammengeschmiegt wie ein Kind, und über ihre Wiege schreiten die Gespenster." (S. 49)

Auch **Leonce** verallgemeinert seine Stimmung zu einem Bild der gesamten Welt, die allerdings ganz unbestimmt, unfassbar und bedrohlich erscheint. Darum erreicht er in seiner dritten Äußerung ebenfalls einen Höhepunkt in der Darstellung seiner inneren Situation, die alle seine Beiträge zum Gespräch beherrscht. Die Unruhe und das Beängstigende der späteren Naturvision kommen schon ganz am Anfang zum Ausdruck:

und ich bin so jung, und die Welt ist so alt. Ich bekomme manchmal eine Angst um mich und könnte mich in eine Ecke setzen und heißeTränen weinen aus Mitleid mit mir. (S. 48)

Diese Klage verliert dadurch an Ernsthaftigkeit, dass sie in eine ‚infantile' (kindliche) Haltung mündet, die für den labilen Leonce charakteristisch ist. So wird er kurz darauf von einer ‚infantilen' Unruhe getrieben, schlägt sinnlose Beschäftigungen („Ameisen zergliedern, Staubfäden zählen") vor und wünscht sich eine „Kinderrassel". Der ernste Hintergrund solcher Ausflüchte besteht jedoch im lähmenden Gefühl der **Langeweile**. Für dies findet er in kritischer Distanz zur eigenen Person die richtigen Worte, wenn er sich nur „eine gewisse Dosis Enthusiasmus" zuspricht.

Wie ein Schauspieler auf ein Stichwort hin die Bühne betritt, so erscheint gemeinsam mit Lena die Gouvernante als leibhaftige Verkörperung jener „Dame" mit der „lange(n) Nase", von der in Valerios Vision des ‚großen Wirtshauses' schon die Rede war (S. 49). Der mittlere Teil der Szene ist wiederum in zwei Phasen untergliedert, die einen starken Kontrast bilden: **Valerio** und die **Gouvernante** liefern sich zunächst ein Wortgefecht, das sich um körperliche Eigenschaften dreht und diese auf typisch groteske Art und Weise ins Extrem treibt („Nase"/ „Rüssel"/„Turm"/„Horizont", S. 50).

Prinz und **Prinzessin** sprechen nicht direkt miteinander, sondern mehr nebeneinander her – nur Lenas Zuhören und Lächeln stiften einen Bezug – und sorgen für einen radikalen Umschlag der Stimmung vom derbkomischen Streit in einen tief melancholischen Gedanken- bzw. Gefühlsaustausch. Radikal ändert sich die Sprache, wobei an die Stelle des grotesken ‚Schlagabtauschs' ein ruhiger Fluss der Sätze tritt, die bei beiden Sprechern überwiegend dem gleichen jambischen Metrum folgen. Unterstützt wird der ‚traumwandlerische' Eindruck der Begegnung durch Lenas parallel gebaute, mit Anaphern („und") und Wortwiederholungen („müden", „jedes", „zu") versehene Satzgebilde. Entsprechend dem romantischen Motto zum zweiten Akt erklingt sie hier als „Stimme" im „tiefsten Innern" von Leonce (S. 44), dessen lebensmüde Gedanken („Picken der Totenuhr", „jeder Tropfen Blut", „schleichend Fieber") sie nicht vertreibt, aber durch ihre ‚Sprachmelodie' (Vokalismus) besänftigt. So wird sein „Erinnern" an die Probleme seiner Existenz „mit einem Male [...] verschlungen" von der **Stimme** Lenas (S. 44), die außerhalb der Gesetze alltäglicher Kommunikation ihre Wirkung entfaltet. Vergleichbar ist sie eher mit der heilsamen Stimme eines Psychotherapeuten, der sich zuhörend und assoziierend ins Innenleben seiner Patienten hineintastet. So ist Lena hier die aktive Figur, während Leonce nur träumt.

Begegnungsszene zwischen Leonce und Lena, Darmstadt 2000

Am Schluss der Szene steht ein kurzer Dialog zwischen **Leonce und Valerio**. Zunächst scheint sich der Prinz von der Begegnung mit Lena und seinem ungewöhnlichen Zustand distanzieren zu wollen, indem er diesen als eine Rolle unter anderen („Könnte ich nicht auch sagen …“, S. 50) ausgibt und sich selbst lobt. Seine saloppe Sprache („mit der Melancholie niederzukommen“), mit der er wieder den Kontakt zu Valerio aufnimmt, weicht jedoch sehr bald der Erinnerung an die „Stimme“ und führt zu dem Bekenntnis, von Lena tief beeindruckt worden zu sein. Jene wird im Vergleich mit dem „Geist, da er über den Wassern schwebte, eh das Licht ward“ (S. 50) auf die biblische Schöpfungsgeschichte bezogen, die wiederum an die von Lena beschworene christliche Leidensgeschichte (S. 44) anschließt und zu dieser sowohl Ergänzung als auch Kontrast bildet. In der Tat scheint der Prinz hier an ein ‚neues Leben‘ unter dem Einfluss Lenas zu glauben, wird aber ausgerechnet von Valerio, dem Liebhaber des Weins, gründlich ernüchtert. Dieser knüpft an Lenas zentrale und vieldeutige Bemerkung („Ist denn der Weg so lang?“) an und bezieht sie auf den „Weg zum Narrenhaus“, den er Leonce bereits wandeln sieht.

Diese Einschätzung setzt unter die Szene einen groben Schlussstrich und verurteilt die im Mittelteil aufgekommene Stimmung als ‚schlechte Romantik‘ eines gelangweilten Königssohns. Lenas „Weg“ ist nicht nur ein Schlüsselwort dieser Szene, sondern verweist auf das gesamte Lustspiel, in dem immer wieder **Wege** auftauchen und damit zum Leitmotiv werden. Zu nennen ist der Weg in Richtung Italien, der zwar beim Wirtshaus endet und in die Heimat zurückführt, für den verliebten Leonce jedoch „in das Paradies“ (S. 60) geführt hat; Lenas Weg, der im Vergleich mit dem Leiden Jesu als ‚Passionsweg‘ erscheint (S. 44); Valerios Weg aus der Fremde an den Hof, den er als „läufigen Lebenslauf“ charakterisiert (S. 46); schließlich Rosettas unbestimmter Weg in die Zukunft: „Meine Füße gingen lieber aus der Zeit." (S. 36) Dabei umfasst Lenas ‚langer Weg' ein besonders breites Bedeutungsspektrum, das sich von der messbaren Wegstrecke bis zur Metapher vom Lebensweg erstreckt.

Die Begegnungsszene bildet den **Wendepunkt** des Dramas, weil hier die entscheidenden Weichen für den weiteren Gang der Handlung gestellt werden.

Rosetta-Szene (I,3)

Ähnlich wie die Automaten-Szene des letzten Aktes stellt die vorliegende ein ‚Spiel im Spiel' dar, insofern hier Leonce von Anfang an seine „sterbende Liebe" zu Rosetta (S. 37) regelrecht inszeniert. Der Prinz sucht weder einen Gedankenaustausch noch sexuelles Vergnügen, sondern behandelt seine Geliebte – auf einer Stufe mit „Kerzen", „Rosen" und „Violinen" (S. 35) – wie ein Requisit. Seinen Abschied von ihr will er genüsslich in Szene setzen und sich so die Langeweile vertreiben.

Nach einem anfänglichen Liebesgetändel, das von Leonce nur vorgetäuscht und abrupt abgebrochen wird („Gähnen", S. 35), entfaltet sich dann auch ein wortspielerischer Dialog um die Schlüsselbegriffe „Arbeit" und „Beschäftigung", „Müßiggang" und „Langeweile" (S. 35 f.). Im beliebigen Austausch verlieren sie jedoch mit ihrer Bedeutung zugleich ihre antithetische Qualität. Während Leonce Nichtstun mit „entsetzliche(r) Arbeit" gleichsetzt (S. 35), bringt Rosetta das Thema ‚Liebe'in ernsthafter Absicht ein und definiert „zu lieben" – anders als der Prinz – im positiven Sinne als „Müßiggang". Nach Leonces ironisch-herablassendem Kommentar („kluges Mädchen", S. 36) hält sie an dem für sie existenziell wichtigen Thema fest: „So liebst du mich aus Langeweile?" (S. 36)

Indem Rosetta erfüllten Müßiggang durch leere Langeweile ersetzt, bringt sie ihre Befürchtung zum Ausdruck. Leonce verkehrt den kausalen Bezug (Langeweile wegen Liebe statt Liebe wegen Langeweile; Chiasmus) und spricht damit eine Beleidigung aus, die er jedoch durch die Identifikation Rosettas mit seiner „liebe(n) Langeweile" (S. 36) sogleich wieder zurücknimmt. Rosetta bleibt nüchtern und spitzt ihre Gesprächsstrategie auf zwei kurze und unmissverständliche Fragen zu, um weitere Wortspiele und metaphorische Abschweifungen des Prinzen („Quellen", „Wellenrauschen", S. 36) zu vermeiden. Doch dessen Antworten sind wiederum relativierend und ausweichend. Rosettas romantische Illusion von ewiger Liebe verflüchtigt sich in einem erneuten Wortspiel. Im Chiasmus („Zeit"/„Lieben" – „Lieben"/„Zeit", S. 36) sind die Rollen wie oben verteilt: Rosetta spielt auf die Vergänglichkeit der Liebe an, während Leonces reines Wortspiel absurd erscheint. Offenbar gelangweilt bricht er das Gespräch ab und fordert Rosetta zum Tanzen auf, womit er seine fürstliche Verfügungsgewalt zum Ausdruck bringt und die Geliebte zum bloßen Spielzeug erniedrigt. Im schleppenden Trochäus des nachfolgenden Satzes („Meine Füße gingen lieber aus der Zeit", S. 36) und in ihrem Tanzlied, das Strophe für Strophe Rollenzwang und Todeswunsch in streng antithetischer Fügung konfrontiert, bekundet Rosetta ihre tiefe Enttäuschung und Traurigkeit.

Rosetta-Szene, Darmstadt 2000

Das in seiner sprachlichen und formalen Schlichtheit einem Volkslied ähnelnde Tanzlied bildet eine Zäsur (Einschnitt) im Ablauf des Dialogs, der als Stichomythie (Zeilenrede) beginnt und – bei unterschiedlich langen Redebeiträgen – auch in seinem weiteren Verlauf eine enge Verklammerung von Rede und Replik (Gegenrede) aufweist. Diese Verknüpfung wird jedoch nicht in erster Linie durch wirkliche **Kommunikation** als vielmehr durch ein **Spiel mit der Sprache** hergestellt, das die einzelnen Äußerungen übergreift. Ansätze einer ernsthaften Redestrategie aufseiten Rosettas werden von Leonce durchkreuzt. Ihm dient die Sprache nicht als Medium der **Verständigung**, sondern der **Selbstbespiegelung** – er benutzt sie als **Spielmaterial** im Rahmen seiner Inszenierung, zu der Rosetta gehört, die er als erotische Spielfigur auf Distanz hält.

Dieser Trend verstärkt sich nun im zweiten Teil des Dialogs, wenn der Prinz sich mit einem dekadenten „Römer“ und Rosettas Melancholie mit den „Todesfarben“ der „goldenen Fische“ beim Gastmahl vergleicht (S. 37). Als Objekt der Begierde wird auch sie konsumiert und somit zur ‚Leiche‘, denn nur im Vorgefühl der baldigen Trennung kann sie für den übersättigten und gelangweilten Leonce noch kurzzeitig reizvoll sein. Wie die „Todesfarben“ der Fische, so werden ihre „Tränen“ als „Diamanten“ für den narzisstischen Prinzen zu einem ästhetischen Ereignis, das er ohne Gefühle aus der Distanz begutachtet.

Dem entspricht Leonces innerer Zustand: Die „Liebe“ ist nur noch ein totes „arme(s) Ding“ in seinem „Kopf“, einem „Kindersarg“ (S. 37). Nochmals werden hier ‚Liebe‘ und ‚Tod‘ in einem breit entfalteten, aber kümmerlichen und fragilen Bild zusammengeführt, das die „Augen“ umgreift. Diese sind – im Unterschied zu Rosettas Augen (Lied, 3. Strophe u. S. 37) – ohne Schmerzen, aber nun kein Spiegel der Seele mehr, sondern bloße „Fenster“, die den Blick auf das „arme Ding“ freigeben. Daher kann sich Leonce problemlos die Augen zuhalten, um den „Eindruck“ von Rosetta ohne die störende Präsenz ihrer Person zu bewahren. Seine Distanzierung von der Mätresse hat damit ihren Höhepunkt erreicht und über der Inszenierung der „sterbende(n) Liebe“ fällt der Vorhang.

Als Ganzes betrachtet bildet der interpretierte Textauszug eine geschlossene szenische Einheit, die schon im Hinblick auf ihre atmosphärischen Rahmenbedingungen (Szenenanweisungen und Leonces Vorbereitungen, S. 35) deutlich von der vorausgegangenen Staatsratsszene wie auch vom nachfolgenden Dialog zwischen Leonce und Valerio abgesetzt ist. Gleichwohl gehört sie zur höfischen Welt, denn ihre ‚Exklusivität' ist künstlich **hergestellt** – im Unterschied zu den Gartenszenen des zweiten Aktes, die als Gegenwelt zum Hof begriffen werden können, weil sich dort eine besondere Atmosphäre **einstellt**. Wenn Leonce zu Beginn der Rosetta-Szene den „Tag" durch die „Nacht" ersetzt („Ich will Nacht ...", S. 35), so beansprucht seine fürstliche Autorität in der Verfügung über die Naturgesetze Gottgleichheit. Überhaupt spielt der Prinz, der ansonsten alle höfischen Rollenangebote verweigert, hier mit Perfektion die von ihm zu erwartende Rolle des aristokratischen Liebhabers. So wird der **gelangweilte** Leonce selbst **langweilig**.

Dass die Rosetta-Szene trotz ihrer aufwändigen Inszenierung **Episode** (folgenloses Zwischenspiel) bleibt, verweist auf die soziale Situation der Mätresse, die nach Lust und Laune des Herrschers jederzeit durch eine andere ersetzt werden kann. Ganz im Gegensatz zu dem hier rollenkonformen Leonce gewinnt Rosetta ein individuelles Profil. Charakter und Rolle treten bei ihr – entsprechend dem Kontrast zwischen lyrischem Ausdruck und Konversation – auseinander, lassen an dieser einzigen Stelle des **Lustspiels** ein **tragisches Moment** aufkommen und sichern Rosetta das Mitleid des Zuschauers. Im Unterschied zu den Lena-Szenen fehlt eine **utopische** Dimension hier völlig.

Ansonsten sind die thematischen Schwerpunkte des gesamten Dramas gegenwärtig: **Langeweile** (Leonces Zustand, Motiv der ‚Inszenierung', Dialogthema), **Spiel** (‚Inszenierung' der sterbenden Liebe, Sprachspiele) und **Automaten** (Rosetta als Spielzeug bzw. Tanzpuppe).

Werk und Wirkung

Leonce und Lena stand von Anfang an im Schatten der anderen Werke Büchners, vor allem der beiden Dramen *Dantons Tod* und *Woyzeck*. Mit wenigen Ausnahmen überwiegen im 19. sowie in der ersten Hälfte des 20. Jahrhunderts **negative Urteile**, für die Friedrich Gundolfs Einschätzung (1930/31) typisch ist: „*Leonce und Lena* … ist ein Rückfall in die bloße Literaturkomödie der Romantik nach Shakespeares Muster … An einzelnen guten Scherzen, lustigen Fratzen … fehlt es nicht, an schnurrigen Einfällen aus der deutschen Kleinstaaterei und über sie. Doch das Ganze kommt aus der literarischen Nachahmung Brentanos, Tiecks, Shakespeares, aus gewollter und darum unwirksamer Laune, aus schwitzendem Willen zum beschwingten Witz, aus fleißigem Leichtsinn.“[15]

Hier sind in der Tat alle **Klischees** versammelt, die einer wirklich kritischen Auseinandersetzung mit dem Lustspiel im Wege stehen: Zwar sind auch Büchners andere Dramen sehr spät – nämlich im literarischen Expressionismus zu Beginn des 20. Jahrhunderts – in ihrer ganzen Bedeutung erkannt worden, doch im Falle seines Lustspiels blieb eine angemessene Rezeption in der Literaturwissenschaft und auf dem Theater noch mehrere Jahrzehnte aus. Der Germanist Hans Mayer behandelt es in seiner Arbeit *Georg Büchner und seine Zeit* von 1946 unter der Überschrift „Romantisch-ironisches Zwischenspiel“[16] und bringt damit deutlich zum Ausdruck, dass er es nicht zu den Hauptwerken des Autors rechnet.

Eine **Neubewertung** nehmen Untersuchungen vor, die seit den sechziger Jahren erschienen sind, sich aber von der Anzahl her im Verhältnis zu Forschungen über *Dantons Tod* und

Woyzeck nach wie vor bescheiden ausnehmen. Dabei lassen sich drei wesentliche Interpretationsrichtungen unterscheiden, die auf verschiedenen methodischen Ansätzen beruhen: **Textimmanente** Deutungen konzentrieren sich ganz auf die literarische und sprachliche Qualität des Lustspiels und weisen nach, dass es sich um ein unverwechselbares Werk Büchners und einen eigenständigen Beitrag zur Gattung handelt. Büchner, so wird hervorgehoben, habe nicht andere Autoren ‚kopiert', sondern gehe vielmehr kritisch und schöpferisch mit vorgefundenen Figuren bzw. Motiven um, was unter anderem gerade den besonderen Reiz seines Dramas ausmache.

Dem Thema ‚Langeweile' widmen sich **psychologisch** und **philosophisch** ausgerichtete Interpretationen. Sie kann als Kennzeichen menschlicher Existenz, als ein auch von anderen Dichtern und Philosophen behandeltes Problem sowie als Ausdruck einer bestimmten sozialen Lebensform begriffen werden.

Der letzte Schwerpunkt überschneidet sich bereits mit dem Interessenbereich **historisch-soziologischer** Untersuchungen, die sich in erster Linie mit der Darstellung der höfischen Welt in Büchners Drama befassen und der Frage nachgehen, inwiefern gerade das Lustspiel mit seinen Möglichkeiten komischer Darstellung gesellschaftliche Missstände entlarven kann. In diesem Zusammenhang wird häufig auf die **Biografie** seines Autors zurückgegriffen, um z. B. Satire oder Parodie als ‚Waffen' im politischen Kampf nachzuweisen.

Büchners Lustspiel stellt **Inszenierungen auf der Bühne** vor eine nicht einfache, aber reizvolle Aufgabe. Insbesondere seine männlichen Hauptfiguren – Leonce und Valerio – sind so vielseitig und widersprüchlich angelegt, dass sehr unterschiedliche ‚Lesarten' und Rollenkonzeptionen denkbar erscheinen. Dennoch gilt für die Theatergeschichte von *Leonce und Lena* derselbe Befund wie für die Beschäftigung mit dem Lustspiel in der Literaturwissenschaft. Am 31. 05. 1895 fand die Erstaufführrung statt – allerdings auf einer kleinen Bühne, dem ‚Intimen Theater' in München-Schwabing. Überblickt man die Anzahl der weiteren Inszenierungen, so befindet sich das Lustspiel weit abgeschlagen hinter dem *Woyzeck* und mit deutlichem Abstand zu *Dantons Tod* auf dem dritten Platz. Auch im Bereich der – in Deutschland spärlich vertretenen – komischen Theaterdichtungen konnte es sich bislang neben den ‚Klassikern' der Komödie – Lessings *Minna von Barnhelm,* Kleists *Der zerbrochne Krug* und Hauptmanns *Biberpelz* – nicht behaupten. Seitdem in germanistischen Forschungen die Zeitkritik des Lustspiels stärker herausgearbeitet wurde, hat sich die Situation ab den siebziger Jahren, nicht zuletzt infolge eines veränderten politischen Literaturverständnisses nach der Studentenrevolte von 1968, etwas verbessert. Im Programmheft zu einer Stuttgarter Inszenierung heißt es: „*Leonce und Lena* eine Literatursatire? Das ist zu wenig für das Theater. – Eine kostbare romantische Komödie? Geliebtes Missverständnis des heilen Theaters und der Abiturfeiern von ehedem. Warum heute nicht so: ein herber szenischer Aphorismus über den Verlust revolutionären Denkens in deutschen Hirnen?" Unter solchen Voraussetzungen kann der Schluss des Dramas nur als Ausdruck von Hoffnungslosigkeit gesehen werden: „Valerio hat ein Paradox zu denken und zu hoffen gewagt: dass die Anklage des *Hessischen Landboten* in ministeriellen Erlassen ‚aufgehoben' werden könnte. Er hat auf das falsche Pferd gesetzt. An Revolution ist nicht zu denken."[17]

Zu ähnlichen Ergebnissen kommen zwei bedeutende Aufführungen der Jahre 1973 (Mannheim) und 1975 (Salzburg). In Johannes Schaafs Salzburger Festspielinszenierung ist Leonce (Klaus-Maria Brandauer) ein melancholischer Prinz, der seinen Spiellaunen folgt; Jürgen Flimm (Mannheim) lässt Dietmar Mues (Leonce) eher als jugendlichen Provokateur agieren. Beide sehen das Ende des Dramas unter dem Vorzeichen der Resignation und einer Wiederholung des Immergleichen. Bei Schaaf

„steigen“ Leonce und Lena „gemessenen Schrittes die Stufen vor der in der Schlussszene oberhalb des Hügels installierten Spiegelwand empor, während ihre Bewegungen schon jenen offiziellen Charakter annehmen, der sich schließlich in königlichen Repräsentiergesten verfestigt. Und während beide huldvoll auf leerer Bühne ihrem Volk zuwinken, verschwindet Lena langsam hinter Leonce, dem neuen ‚alten‘ Souverän, der jetzt als erste königliche Verlautbarung die Anfangsworte seines Vaters spricht: Der Mensch muss denken ...“

Noch deutlicher wird Jürgen Flimm: „Leonce und Lena, Gletscherbrillen und Schals anstelle der Masken vor dem Gesicht, stecken zusammen in einem Mantel, doppeldeutiges Zeichen für ihre scheinbar frei gewählte und gefundene Liebe, aber auch ... für den Zwang, dem beide mit ihrer Wahl zu entfliehen meinten. [...] Aber auch das Finale erfährt durch Flimms Winterbild noch einmal eine Steigerung. Leonce verkriecht sich nach der Entdeckung, dass alles so gekommen ist, wie es festgelegt war, zusammen mit Lena in den Mantel: „Und dann umstellen wir das Ländchen mit Brennspiegeln ...“. Valerio aber erzählt seine Träume („Und ich werde Staatsminister“) einem kleinen Jungen, der als Einziger der Hofgesellschaft auf der Szene verblieben ist, zunächst wie ein Märchen, an das er nicht aufhören will zu glauben; dann brüllt er seine Utopie des ‚dolce far niente‘ in den letztmals aufheulenden Schneesturm, der, während der Vorhang sich schließt, auch den Zuschauerraum akustisch erfasst.“[18]

Bei so viel Hoffnungslosigkeit bleibt letztlich zu hoffen, dass Büchners Schlussutopie auf dem Theater einmal anders gedeutet und inszeniert wird.

Literaturhinweise

Textausgabe

GEORG BÜCHNER: *Leonce und Lena.* In: Ders., *Woyzeck. Leonce und Lena.* Stuttgart 1986, Reclams Universal-Bibliothek Nr. 7733, S. 29–61.

Auf diese Ausgabe beziehen sich alle Zitate und Textverweise.

Weiterführende Literatur

JÖRG BARKE: *Georg Büchner. Dantons Tod.* Freising 2001, STARK-Interpretationshilfe Deutsch, Titel-Nr. 2400121.

Diese Interpretationshilfe und die vorliegende zu *Leonce und Lena* sind in derselben Reihe erschienen und daher in Aufbau und Anspruch aufeinander abgestimmt. Aufgrund vielfältiger Bezüge zwischen den beiden Dramen lohnt sich eine vergleichende Lektüre.

GEORG BÜCHNER: *Werke und Briefe.* Herausgegeben von Karl Lehmann. München 1980 ff., Deutscher Taschenbuch-Verlag Nr. 2065.

Die preiswerte Taschenbuchausgabe beinhaltet neben dem gesamten literarischen Werk Büchners (drei Dramen, eine Novelle) auch sämtliche Briefe und sonstige Schriften des Autors sowie einen Kommentar.

GEORG BÜCHNER: *Revolutionär – Dichter – Wissenschaftler.* Katalog zur Ausstellung auf der Darmstädter Mathildenhöhe. Darmstadt 1987.

Der reich illustrierte Band bietet interessante und anschauliche Materialien zu Leben und Werk Büchners und enthält u. a. auch Aufsätze zu *Leonce und Lena.*

MICHAEL GLEBKE: *Die Philosophie Georg Büchners.* Marburg 1995.

Philosophisch Interessierten bietet diese kompakte Arbeit eine gut lesbare Einführung in Büchners Gedankenwelt, deren Kenntnis auch zu einem besseren Verständnis seiner literarischen Werke beitragen kann.

JEAN-CHRISTOPH HAUSCHILD: *Georg Büchner.* Hamburg 1992, Rowohlts Monografien Nr. 50503.

Diese Biografie neueren Datums zeichnet sich durch Anschaulichkeit und Genauigkeit aus. Das Werk Büchners wird im Zusammenhang mit der Lebensgeschichte und im Rahmen der historischen und literarischen Epoche behandelt. Zahlreiche Abbildungen ergänzen den Text.

JEAN-CHRISTOPH HAUSCHILD: *Georg Büchner. Biographie.* Stuttgart 1993, Berlin 2/1997.

Wer mehr über Büchners Leben und seine Zeit erfahren will, findet hier eine breit angelegte, detaillierte und spannend erzählte Biografie auf dem neuesten Stand der Forschung.

WOLF LEPENIES: *Melancholie und Gesellschaft.* Frankfurt/Main 1972 ff., Suhrkamp-Taschenbuch Nr. 63.

Ein soziologisches Standardwerk, das Erscheinungsformen der Melancholie in verschiedenen Epochen – von der Renaissance bis ins 20. Jahrhundert – auf ihre historischen und sozialen Ursachen hin untersucht. Insbesondere die Kapitel zum höfischen Absolutismus sind im Hinblick auf *Leonce und Lena* aufschlussreich, da sie sich dem für das Lustspiel zentralen Phänomen der Langeweile widmen.

Anmerkungen

1 Büchner, Georg: *Werke und Briefe.* Nach der historisch-kritischen Ausgabe von Karl Lehmann, München 1980 ff. (dtv 2065), S. 284, S. 286 f.

2 Bei dem nun folgenden Szenenabschnitt mit den beiden Polizeidienern und Valerios anschließenden Ausführungen über seinen „Lebenslauf" handelt es sich um Textteile, die Büchner selbst in das Drama nicht eingefügt hat und für die sich die Herausgeber an dieser Stelle entschieden haben. Dieses Verständnis des Texteinschubs hätte Auswirkungen auf die Einschätzung Valerios wie auch seiner Beziehung zum Prinzen (vgl. *Interpretationshilfe,* S. 26 ff.). Der Haupttext knüpft dagegen mit der Bemerkung „Das ist ein Land wie eine Zwiebel …" (S. 47) an das Stichwort „Grenze" (S. 45) an, denn die „Schalen" und „Schachteln" verweisen auf die vielen kleinen Fürstentümer, in die das „Land" zerstückelt ist, das Leonce und Valerio bei ihrer Flucht durchqueren.

3 Büchner, Georg: *Der Hessische Landbote;* in: *Werke und Briefe,* S. 210.

4 Am 10. 03. 1834 schreibt der Dichter an seine Braut: „Ich studiere die Geschichte der Revolutionen. Ich fühle mich wie vernichtet unter dem grässlichen Fatalismus der Geschichte. Ich finde in der Menschennatur eine entsetzliche Gleichheit, in den menschlichen Verhältnissen eine unabwendbare Gewalt, Allen und Keinem verliehen. Der Einzelne nur Schaum auf der Welle, die Größe ein bloßer Zufall, die Herrschaft des Genies ein Puppenspiel, ein lächerliches Ringen gegen ein ehernes Gesetz, es zu erkennen das Höchste, es zu beherrschen unmöglich." (*Werke und Briefe*, S. 256)

5 Ähnliche Gedanken legt er auch seinem Helden Danton in den Mund: „Puppen sind wir, von unbekannten Gewalten am Draht gezogen; nichts, nichts wir selbst!" (Ebd., S. 37)

[6] Vgl. *Lexikon der antiken Mythen und Gestalten*, München 1980 ff. (dtv 3181), S. 353 f.

[7] Gendolla, Peter: *Nichts als Kunst und Mechanismus. Maschinenmetaphern bei Büchner.* In: *Georg Büchner 1813–1837: Revolutionär – Dichter – Wissenschaftler* (Katalog der Ausstellung Darmstadt 1987), Basel/Frankfurt 1987, S. 306.

[8] Hoffmann, E.T.A.: *Der Sandmann;* in: Werke, herausgegeben von H. Kraft/M. Wacker, Frankfurt/Main 1967 (Insel), Band 2, S. 1–23.

[9] Shelley, Mary: *Frankenstein oder Der neue Prometheus,* Frankfurt /Main 1988 (insel-taschenbuch 1030).

[10] Berns, Jörg Jochen: *Zeremoniellkritik und Prinzensatire. Traditionen der politischen Ästhetik des Lustspiels ‚Leonce und Lena'.* In: Dedner, Burghard (Hg.), *Leonce und Lena. Kritische Studienausgabe*, Frankfurt/Main 1987, S. 235.

[11] Wilpert, Gero von: *Sachwörterbuch der Literatur,* Stuttgart 5. Aufl. 1969. S. 455 f.

[12] Wilpert, a. a. O., S. 671.

[13] Ebd., S. 307 f.

[14] Ebd., S. 553.

[15] Gundolf. Friedrich: *Georg Büchner;* in: Ders.: *Romantiker,* Berlin 1930, S. 390.

[16] Mayer, Hans: *Georg Büchner und seine Zeit,* Frankfurt/Main 1978 (suhrkamp-taschenbuch 58), S. 296.

[17] Programmheft zur Stuttgarter Inszenierung von 1989, S. 3.

[18] Kurzenberger, Hajo: *Komödie als Pathographie einer abgelebten Gesellschaft*; in: *Text und Kritik: Georg Büchner, Band III,* München 1981, S. 159, S. 161 f.

Ihre Meinung ist uns wichtig!

Ihre Anregungen sind uns immer willkommen.
Bitte informieren Sie uns mit diesem Schein über Ihre Verbesserungsvorschläge!

Titel-Nr.	Seite	Fehler, Vorschlag

Bitte hier abtrennen

Lernen ist ...
STARK

Bitte hier abtrennen

Zutreffendes bitte ankreuzen! Die Absenderin/der Absender ist:

- ☐ Lehrer/in
- ☐ Fachbetreuer/in
  Fächer: ____________
- ☐ Seminarlehrer/in
  Fächer: ____________
- ☐ Regierungsfachberater/in
  Fächer: ____________
- ☐ Oberstufenbetreuer/in
- ☐ Schulleiter/in
- ☐ Leiter/in Lehrerbibliothek
- ☐ Leiter/in Schülerbibliothek
- ☐ Referendar/in, Termin 2. Staatsexamen: ____________
- ☐ Sekretariat
- ☐ Schüler/in, Klasse: ____________
- ☐ Eltern
- ☐ Sonstiges: ____________

STARK Verlag
Postfach 1852
85318 Freising

11-V1P

Bitte ausfüllen und im frankierten Umschlag an uns einsenden. Für Fensterkuverts geeignet.

Kennen Sie Ihre Kundennummer? Bitte hier eintragen.

Absender (Bitte in Druckbuchstaben!)

Name/Vorname ____________

Straße/Nr. ____________

PLZ/Ort ____________

Telefon privat ____________ Geburtsjahr ____________

E-Mail ____________

Schule/Schulstempel (Bitte immer angeben!)

Unterrichtsfächer: (Bei Lehrkräften!)

(Bitte blättern Sie um)

Inhalt

Immunbiologie

Neuronale Informationsverarbeitung

Evolution

Autoren: Christian Schillinger, Brigitte Meinhard

Vorwort

Liebe Schülerin, lieber Schüler,

dieses handliche Buch bietet Ihnen einen systematischen **Leitfaden** zu allen Lehrplaninhalten, die Sie im Biologie-Abitur in Baden-Württemberg benötigen.
Durch seinen klar strukturierten Aufbau eignet sich der Band besonders zur Auffrischung und Wiederholung des Prüfungsstoffs kurz vor dem Abitur. Darüber hinaus können Sie ihn zur Nachbereitung des Unterrichts und zur Klausurvorbereitung nutzen.

- Am Beginn jedes Kapitels finden Sie eine **Übersicht**, die die Zusammenhänge im jeweiligen Stoffgebiet darstellt.
- Die Lerninhalte werden durch aussagekräftige **Abbildungen** und **Tabellen** verdeutlicht.
- Passgenaue **Beispiele und ergänzende Hinweise** sind durch eine Glühbirne  gekennzeichnet und veranschaulichen die Theorie.
- Das **Stichwortverzeichnis** führt schnell und treffsicher zum gesuchten Lernstoff.

Viel Erfolg bei der Abiturprüfung!

Christian Schillinger, Brigitte Meinhard

Ausführliche Erläuterungen sowie viele Übungsaufgaben finden Sie in unseren Abitur-Trainingsbänden:

- **Abitur-Training Biologie 1** (Bestell-Nr. 847018)
- **Abitur-Training Biologie 2** (Bestell-Nr. 847028)

Die offiziellen Prüfungsaufgaben der letzten Jahre mit Lösungen und viele nützliche Hinweise zu Ablauf und Anforderungen des Zentralabiturs enthält der Band **Abiturprüfung Biologie Baden-Württemberg** (Bestell-Nr. 85701).

Moleküle des Lebens, Zelle und Zellstoffwechsel

1 Moleküle des Lebens

Lebewesen bestehen aus **anorganischen** und **organischen** Verbindungen.

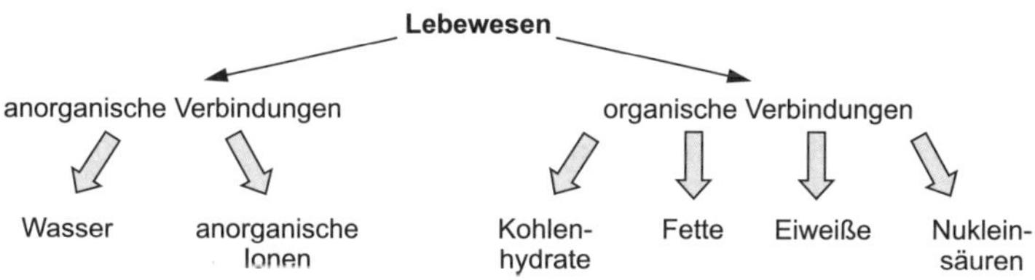

Kohlenhydrate:

- **Chemische Struktur der Monomere:** Formel häufig $C_n(H_2O)_n$, Monomere mit unterschiedlicher Anzahl an C-Atomen
- **Funktionen:** Bau- und Gerüstsubstanz (z. B. Chitin, Cellulose), Energiespeicher (z. B. Glykogen, Stärke)

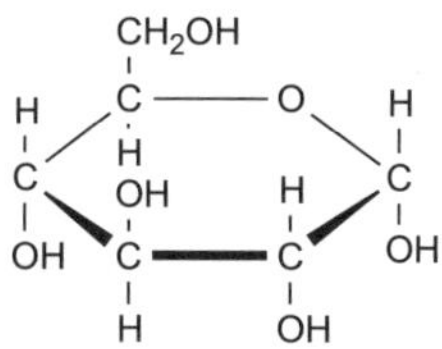

Glucose ($C_6H_{12}O_6$)

Fette:

- **Chemische Struktur:** Glycerol (dreiwertiger Alkohol), mit drei Fettsäuren verestert

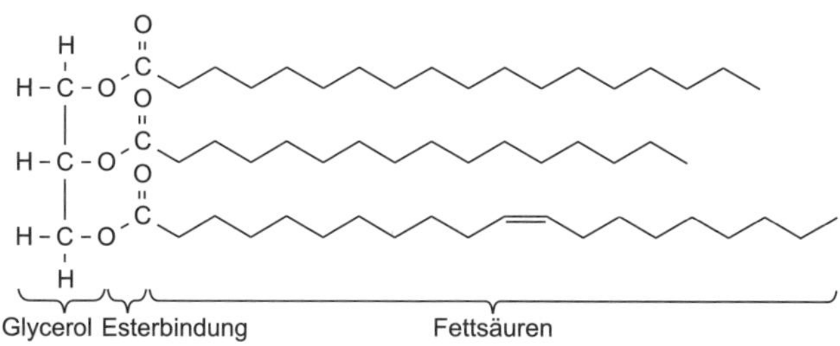

- **Funktionen:** Energiespeicher, Baustoff (z. B. Membranlipid), Wärmeisolierung

Proteine: Polypeptide aus mehr als 100 Aminosäuren (AS)

- **Chemische Struktur der Aminosäuren:** Zentrales C-Atom, an das ein Wasserstoffatom, eine Carboxyl- und eine Aminogruppe sowie ein variabler Rest gebunden sind.

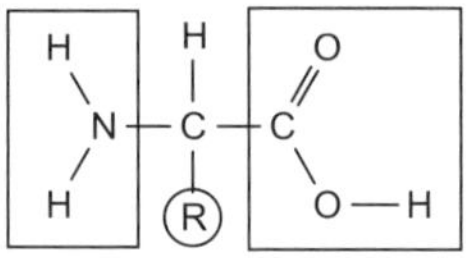

- **Strukturebenen:**
  - Primärstruktur: Aminosäuresequenz
  - Sekundärstruktur: Spiralige (α-Helices) oder aufgefaltete parallele Abschnitte (β-Faltblätter), durch H-Brücken stabilisiert
  - Tertiärstruktur: Räumliche Faltung eines Proteins (Konformation), Stabilisierung durch Van-der-Waals-Kräfte, H-Brücken, Disulfidbrücken, Ionenbindungen
  - Quartärstruktur: Zusammenlagerung zweier oder mehrerer Polypeptidketten zu größerem, funktionellem Proteinmolekül
- **Funktionen:** Baustoff (z. B. Keratin), Botenstoff (z. B. Insulin), Enzym (z. B. Katalase), Fremdkörperabwehr (z. B. Antikörper), Transport (z. B. Hämoglobin), Stoffaustausch (z. B. Membranprotein)

Nukleinsäuren: Polymere aus Nukleotiden

- **Chemische Struktur eines Nukleotids:** Pentose (Zuckermolekül mit fünf C-Atomen; DNA: Desoxyribose, RNA: Ribose), Phosphatgruppe, stickstoffhaltige Base (Adenin, Guanin, Thymin, Cytosin)

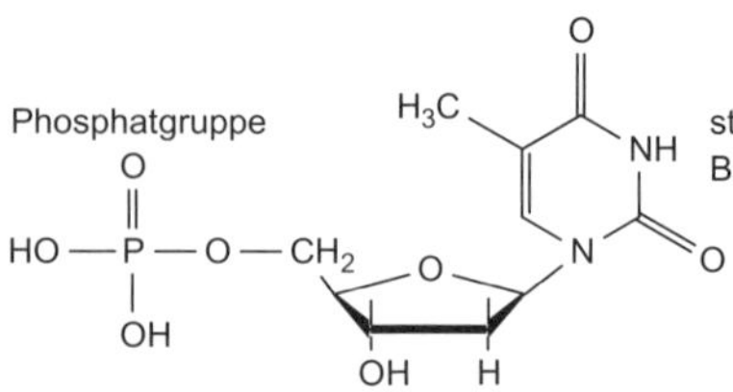

- **Funktionen:** Speicher und Übermittler der genetischen Information

2 Der Bau von Zellen

Die **Zelle** ist die basale Bau- und Funktionseinheit aller Organismen.

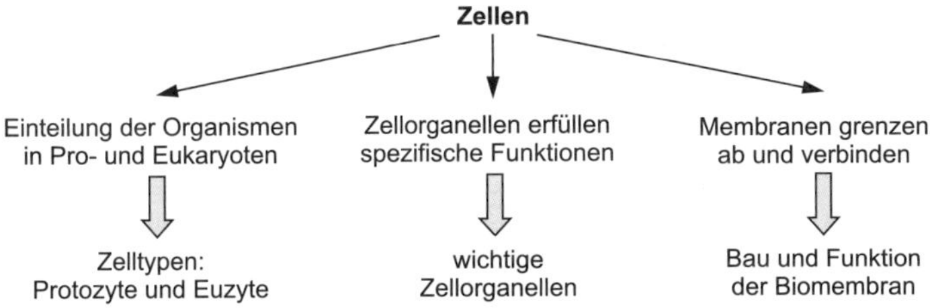

2.1 Die Zelltypen Protozyte und Euzyte

	Protozyte	**Euzyte**
Vorkommen	Bakterien, Cyanobakterien, Archaeen	Pflanzen, Pilze, Tiere
Aufbau	genetisches Material frei im Zytoplasma ⇒ Prokaryoten ohne Kompartimentierung, wenig strukturiert: • Ribosomen (70S) • Zellwand • meist mit Schleimkapsel • evtl. Geißel • oft mit Plasmiden (ringförmige DNA-Moleküle)	genetisches Material im Zellkern eingeschlossen ⇒ Eukaryoten stark kompartimentiert mit: • Zellkern mit Nukleolus • Mitochondrien • Ribosomen (80S) • Dictyosomen • endoplasmatisches Retikulum (glatt und rau) • Lysosomen • Mikrotubuli nur Tierzellen: Zentriolen nur Pflanzenzellen: Chloroplasten, Zellwand, Zellsaftvakuole

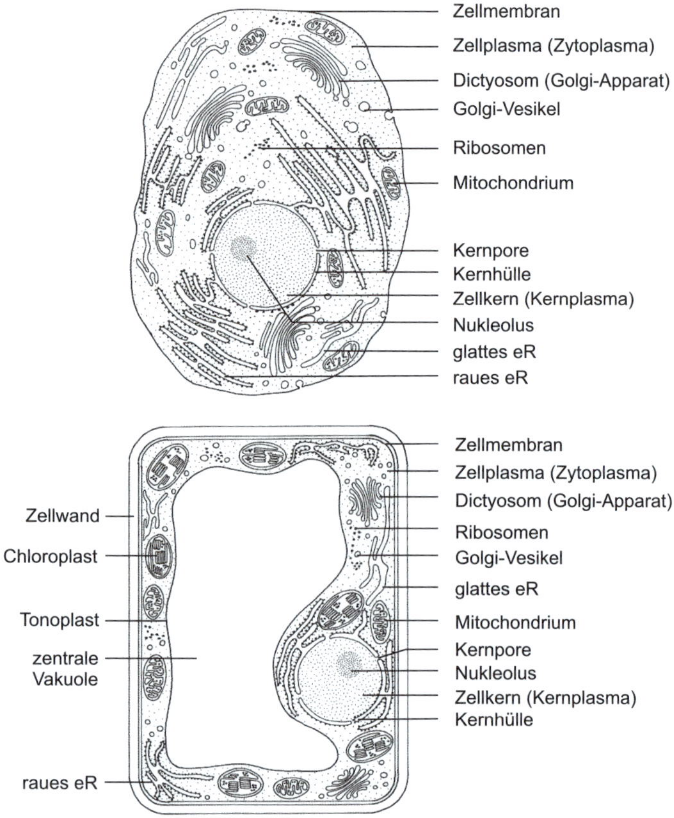

Die Euzyte: tierische Zelle (oben) und pflanzliche Zelle (unten)

2.2 Bau und Aufgaben wichtiger Zellorganellen

- **Zellkern:**
  - **Bau:** Doppelte Kernmembran mit zahlreichen Kernporen, im Inneren Chromatin und meist zwei Nukleoli
  - **Aufgaben:** Speicherung der genetischen Information für den Bau der Zellbestandteile sowie für die Steuerung von Stoffwechselvorgängen und von Wachstum und Entwicklung

- **Mitochondrium:**
  - **Bau:** Doppelte Membranhülle, innere Membran mit faltenartigen Einstülpungen (Cristae, Tubuli), im Innenraum (Matrix) ringförmige DNA und Ribosomen
  - **Aufgabe:** Zellatmung (aerober Abbau der Brenztraubensäure, Atmungskette) ⇒ Stoffabbau zur Energiegewinnung
- **Chloroplast:**
  - **Bau:** Doppelte Membranhülle, innere Membran bildet Thylakoide (lamellenartige Membranstapel mit Blattfarbstoffen), im Innenraum (Stroma) ringförmige DNA, Ribosomen, Stärkekörner
  - **Aufgabe:** Fotosynthese ⇒ Stoffaufbau mithilfe der Sonnenenergie
- **Endoplasmatisches Reticulum (eR):**
  - **Bau:** Netzwerk aus miteinander verbundenen, membranumhüllten Reaktionsräumen, raues eR weist Ribosomen auf, glattes eR nicht
  - **Aufgabe:** Transport und Modifikation diverser Substanzen, Synthese von Proteinen (raues eR) und Membranlipiden (glattes eR)
- **Dictyosom:**
  - **Bau:** Flache und gewölbte, gestapelte membranbegrenzte Reaktionsräume (Zisternen) ⇒ Gesamtheit: Golgi-Apparat
  - **Aufgabe:** Aufnahme und Modifikation von Proteinen v. a. aus rauem eR, Abschnürung proteinhaltiger Golgi-Vesikel
- **Ribosomen:**
  - **Bau:** Zwei verschieden große Untereinheiten aus ribosomaler RNA und Proteinen, frei im Zytoplasma oder an rauem eR
  - **Aufgabe:** Translation der mRNA in Aminosäuresequenz

Stapelung, Auf- oder Einfaltungen von Membranen, z. B. der inneren Mitochondrienmembran, dienen der Oberflächenvergrößerung.
Die Anteile einzelner Zellorganellen lassen auf die Funktion der Zelle schließen, Drüsenzellen sind z. B. reich an Mitochondrien und eR.

2.3 Bau und Funktion der Biomembran

Bau einer Biomembran

Die Biomembran ist eine (zäh)flüssige Lipiddoppelschicht, in der Proteine mosaikartig auf- und eingelagert sind **(Flüssig-Mosaik-Modell)**.

Bestandteile:

- **Phospholipide:**

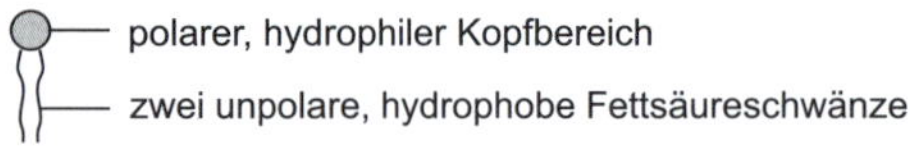

- **Membranproteine:**
  - Periphere Proteine liegen der Zellinnenseite der Lipiddoppelschicht auf.
  - Integrale Proteine durchziehen die gesamte Lipiddoppelschicht.
  - Membranporen (Tunnelproteine)
- **Kohlenhydrate:** Kovalent an Lipide (Glycolipide) oder an Proteine (Glycoproteine) gebundene Kohlenhydratketten ⇒ Erkennungssignal für andere Zellen

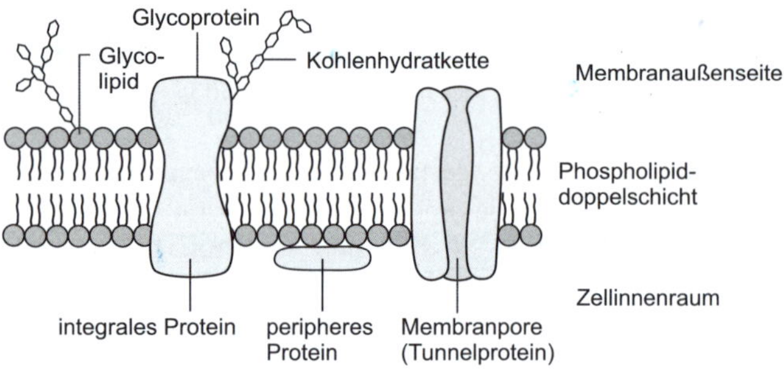

Funktion der Biomembran

Biomembranen **grenzen Zellen nach außen hin ab** und bilden im Zytoplasma gesonderte Reaktionsräume (**Kompartimente**). Dadurch können unterschiedliche Stoffwechselreaktionen ungestört nebeneinander ablaufen. Biomembranen ermöglichen über Zell-Zell-Verbindungen die **Gewebebildung**.

Stofftransport durch Biomembranen

- **Passiver Transport:**
  - **Diffusion:** Gleichmäßige Verteilung von Teilchen im zur Verfügung stehenden Raum entlang eines Konzentrationsgefälles bis zum Konzentrationsausgleich. Wird durch Eigenbewegung der

Teilchen (**brownsche Molekularbewegung**) bewirkt (passiver, physikalischer Vorgang).

- **Osmose:** Eingeschränkte, gerichtete Diffusion durch eine selektiv permeable Membran.

  Nur lipophile Stoffe und kleine unpolare Moleküle (z. B. Sauerstoff und Kohlenstoffdioxid) können die Biomembran durchdringen, andere im Wasser gelöste Teilchen wie z. B. Ionen und Zuckermoleküle hingegen nicht.

  Osmose ist bei der Regulation des Wasserhaushaltes sowie bei der Entstehung des (Ruhe-)Membranpotenzials erregbarer Zellen (Nerven- und Muskelzellen) von entscheidender Bedeutung.
- **Erleichterte Diffusion:** Wasser, Ionen und große Moleküle wandern dem Konzentrationsgefälle folgend durch Tunnel- oder Carrierproteine durch die Membran.

• **Aktiver Transport:** Transport von Stoffen unter Energieverbrauch (ATP) entgegen einem Konzentrationsgefälle durch Carrierproteine:
  - **Uniport:** Transport eines Stoffes in eine Richtung
  - **Symport:** Gleichzeitiger Transport zweier Stoffe in eine Richtung
  - **Antiport:** Gleichzeitiger Transport zweier Stoffe in entgegengesetzte Richtung

• **Membrangebundener Transport:** Abgabe bzw. Aufnahme flüssiger/gelöster Stoffe oder Partikel aus der Zelle bzw. in die Zelle:
  - **Exozytose:** Membranbläschen (Vesikel), das die abzugebenden Stoffe enthält, verschmilzt mit der Zellmembran und entleert sich nach außen.
  - **Endozytose:** Aufzunehmende Stoffe gelangen in Einstülpung der Zellmembran, die nach innen als Vesikel abgeschnürt wird.

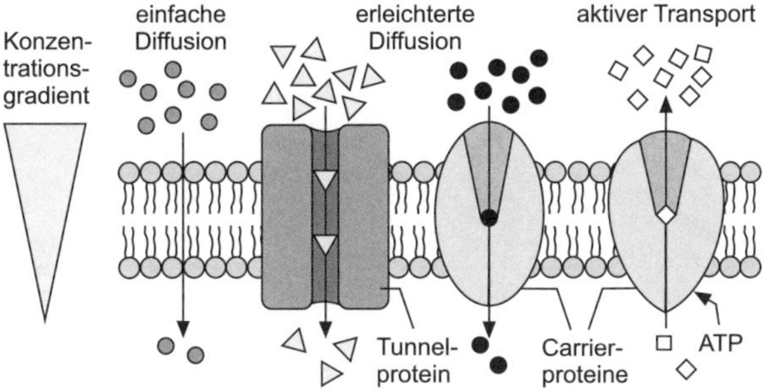

Übersicht über Stofftransportmechanismen

3 Stoffwechsel und Enzyme

Die Zelle ist ein **offenes System**, das ständig im Energie- und Stoffaustausch mit ihrer Umgebung steht.

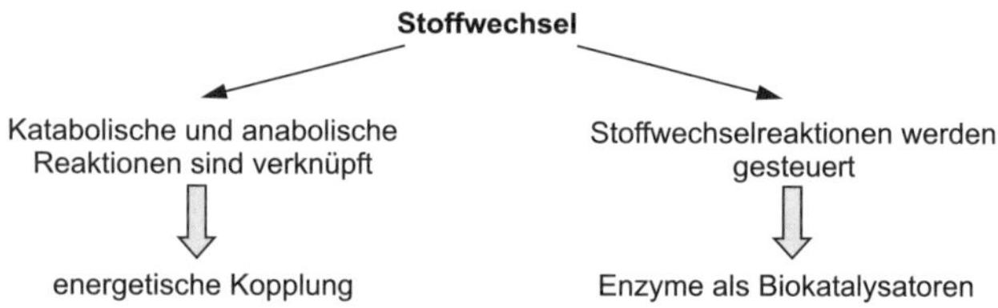

3.1 Energetische Kopplung

- Zellen sind hochgradig **geordnete Systeme**, zu deren Aufbau und Erhalt Energie eingesetzt werden muss, da sie wie alle natürlichen Systeme einem Maximum an Unordnung **(Entropie)** zustreben.
- Aufbauende Stoffwechselprozesse (**Anabolismus**) benötigen Energie (⇒ **endergonische Reaktionen**), die häufig durch abbauende Reaktionen **(Katabolismus)** geliefert wird (⇒ **exergonische Reaktionen**).
- Das ATP/ADP-System ist dabei der Mittler zwischen energieverbrauchenden und energieliefernden Reaktionen **(energetische Kopplung)**.

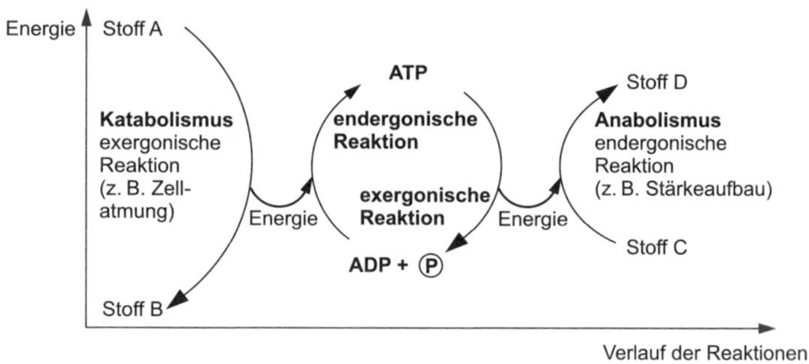

3.2 Enzyme sind Biokatalysatoren

Enzyme sind meist Proteine, die biochemische Reaktionen beschleunigen, indem sie die Aktivierungsenergie herabsetzen **(Biokatalysator)**, ohne dabei selbst umgesetzt zu werden. Enzyme wirken in geringen Konzentrationen.

3.3 Das Schlüssel-Schloss-Modell der Enzymwirkung

Enzyme binden aufgrund der Form und des Ladungsmusters ihres **aktiven Zentrums** spezifische Reaktanden **(Substrate)** für chemische Reaktionen **(Schlüssel-Schloss-Modell)**.

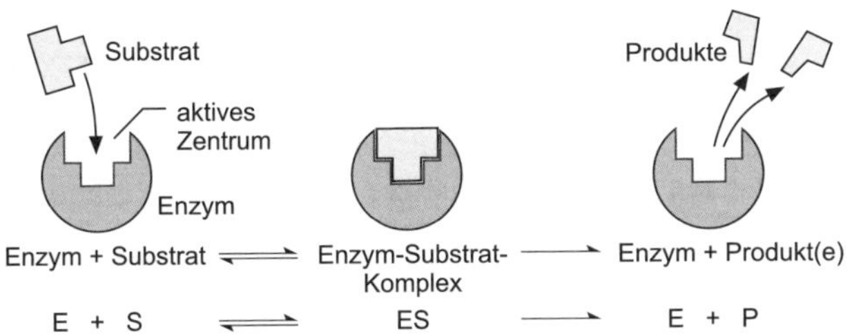

Enzyme sind daher…

- **substratspezifisch**, d. h., sie setzen nur eine ganz bestimmte Verbindung oder eine bestimmte Stoffgruppe, ihr Substrat, katalytisch um.
- **reaktionsspezifisch**, d. h., sie katalysieren nur eine bestimmte Reaktion ihres Substrats.

Substratspezifität der Urease: Sie kann katalytisch Harnstoff umsetzen, nicht jedoch Thioharnstoff, der sich nur in einem Atom von Harnstoff unterscheidet.

3.4 Abhängigkeit der Enzymwirkung

- **Substratkonzentration:** Die Reaktionsgeschwindigkeit einer Enzymreaktion steigt mit zunehmender Substratkonzentration an, bis alle Enzymmoleküle mit Substrat gesättigt sind (Sättigungskurve) ⇒ konstante Maximalgeschwindigkeit v_{max}, auch wenn die Substratkonzentration weiter erhöht wird.

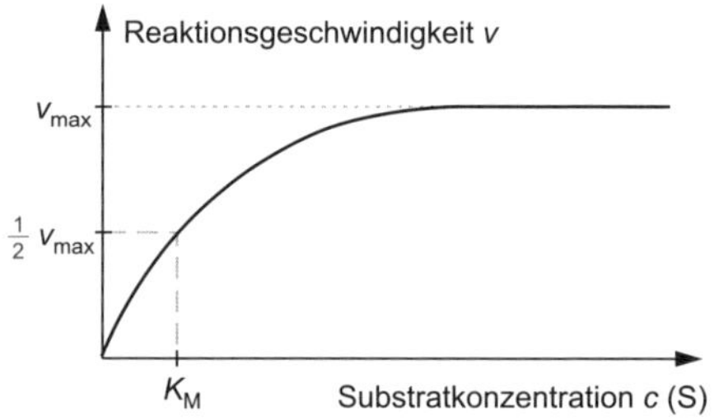

Michaelis-Menten-Diagramm

Die **Michaelis-Konstante K_M** bezeichnet die Substratkonzentration, bei der die Hälfte der Maximalgeschwindigkeit ½ v_{max} erreicht ist. Je kleiner der K_M-Wert, desto höher ist die Affinität des Enzyms gegenüber seinem Substrat und desto höher ist seine Aktivität.

- **Temperatur: RGT-Regel:** Bei einem Temperaturanstieg um 10 °C erhöht sich die Reaktionsgeschwindigkeit chemischer Reaktionen um das Zwei- bis Dreifache.

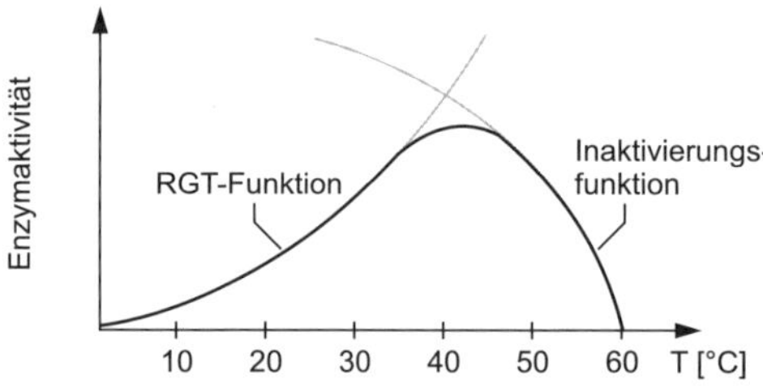

Temperaturabhängigkeit der Enzymaktivität

Inaktivierungsfunktion: Ab einer Temperatur von ca. 40 °C nimmt die Enzymaktivität ab, da die Tertiärstruktur der Enzymproteine durch die Hitze immer stärker verändert wird **(Denaturierung)**. Es ergibt sich eine Optimumskurve.

- **pH-Wert:** Jedes Enzym entfaltet seine volle Aktivität nur bei einem bestimmten Säuregrad der Umgebung, dem **pH-Optimum**. Je nach pH-Wert nehmen einzelne Aminosäurereste des Enzyms Protonen auf oder geben sie ab ⇒ Änderung der Ladungsverhältnisse und damit Veränderung der Tertiärstruktur des Proteins **(Denaturierung)**.

3.5 Regulation der Enzymaktivität

- **Irreversible Hemmung:**
  Dauerhafte Inaktivierung des Enzyms durch …
  - Blockade des aktiven Zentrums ⇒ Hemmstoff bindet kovalent oder über starke Ionenbindung an Aminosäurerest im aktiven Zentrum.
  - Veränderung der räumlichen Struktur des aktiven Zentrums ⇒ Hemmstoff bewirkt bleibende Konformationsänderung des gesamten Enzyms.

  Nervengase wie Sarin, Insektizide wie Malathion oder Schwermetalle wie Blei und Quecksilber sind irreversible Inhibitoren.
- **Reversible kompetitive Hemmung:**

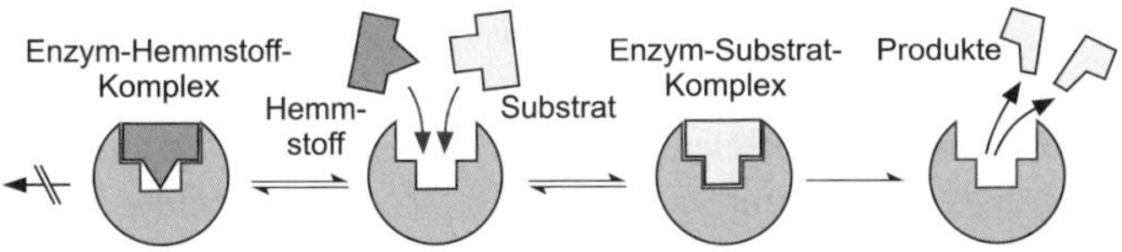

  - Hemmstoff und Substrat besitzen eine ähnliche Molekülstruktur und konkurrieren um die Bindung am aktiven Zentrum.
  - Gebundener Hemmstoff blockiert für kurze Zeit die Anlagerung und Umsetzung des Substrats.

  ⇒ Stärke der Hemmwirkung hängt vom Mengenverhältnis Substrat/Hemmstoff ab ⇒ bei starker Erhöhung der Substratkonzentration geht Hemmung zurück.
- **Reversible allosterische Regulation:**
  Enzyme, die neben dem aktiven Zentrum noch mindestens eine zweite Bindestelle aufweisen, nennt man **allosterische Enzyme**. Bindet ein Effektormolekül (Aktivator oder Inhibitor) an das allosterische Zentrum, so kommt es zu einer Konformationsänderung des Enzyms. Effektoren und Substrat weisen keine Ähnlichkeiten in der Molekülstruktur auf.
  - **Aktivierung durch einen Aktivator:**
    Durch Bindung des Aktivators verändert sich die Konformation des Enzyms so, dass das aktive Zentrum das Substrat binden kann ⇒ Enzymmoleküle sind **aktiv**.

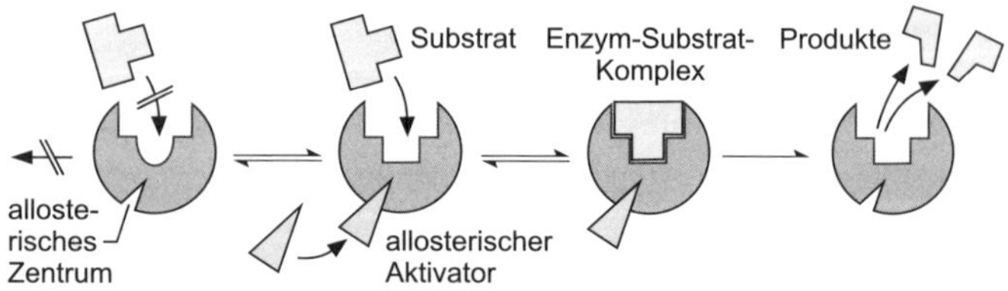

– **Inaktivierung durch einen Inhibitor:**

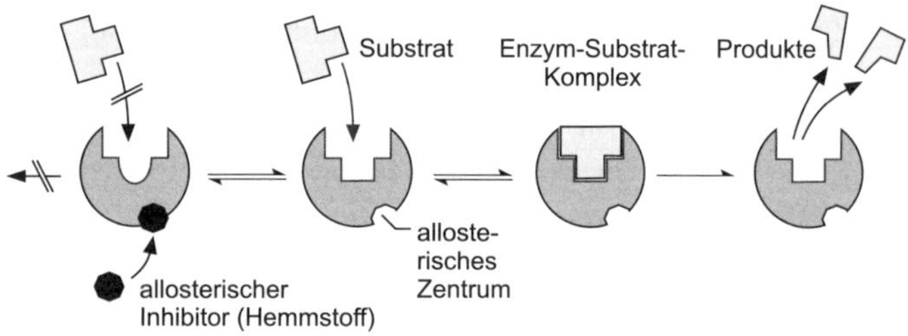

Durch Bindung des Hemmstoffs verändert sich die Raumstruktur des aktiven Zentrums und verhindert eine Substratbindung ⇒ Enzymmoleküle sind **inaktiv** (allosterische oder nicht kompetitive Hemmung).

⇒ Stärke der Wirkung hängt vom Mengenverhältnis Enzym/allosterischer Effektor ab ⇒ Veränderung der Substratkonzentration hat keinen Einfluss auf die Stärke der aktivierenden/inhibierenden Wirkung.

– **Feedback-Hemmung (Endprodukthemmung):**
Häufig werden Stoffwechselwege durch allosterische Inhibition bedarfsgerecht geregelt, indem das Endprodukt der Stoffwechselkette als allosterischer Hemmstoff auf das **Schrittmacherenzym** wirkt.

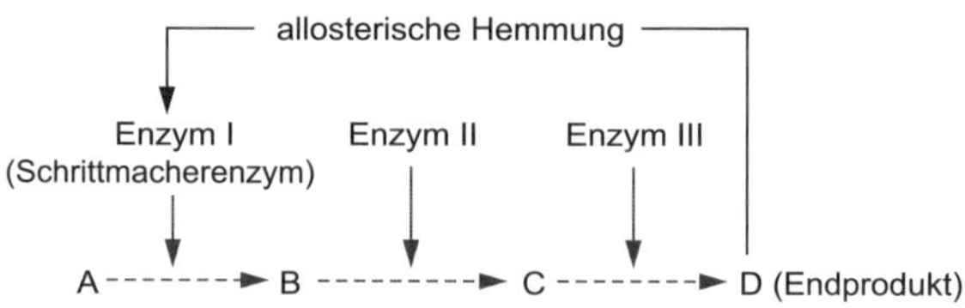

√

Genetik, Gentechnik und Reproduktionsbiologie

4 Molekulargenetik

Molekulargenetik: Genetik auf molekularer und biochemischer Ebene.

Nukleinsäuren (DNA/RNA) als Träger der genetischen Information

Informationsspeicherung	Kopieren	Abrufen und Regulieren	Veränderung
⇩	⇩	⇩	⇩
Aufbau der Nukleinsäuren	identische Replikation	Proteinbiosynthese	Mutationen, Reparatur

4.1 Aufbau von Nukleinsäuren

Nukleotid: Einheit aus Pentose (**Z**ucker mit fünf C-Atomen), **P**hosphatrest und organischer Base (**A**denin, **T**hymin, **G**uanin, **C**ytosin).

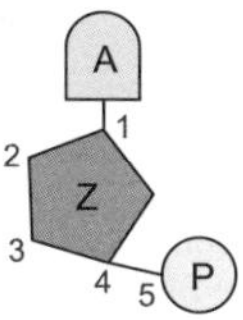

Schematische Darstellung des Adeninnukleotids der DNA (Desoxyadenosinmonophosphat) mit nummerierten C-Atomen des Zuckers

Polynukleotidstrang: Viele Nukleotide (Monomere), zu einer langen Kette (Polymer) verknüpft.

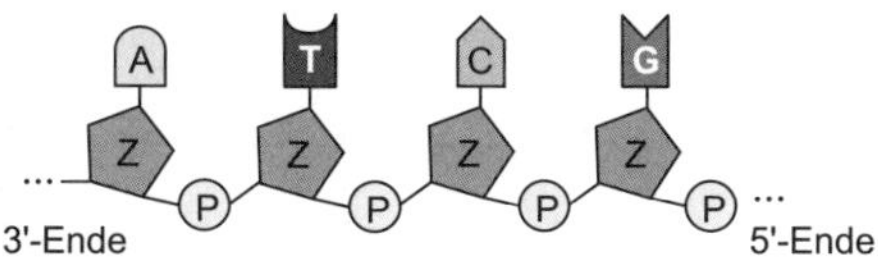

Ausschnitt aus einem DNA-Einzelstrang in schematischer Darstellung

Der Polynukleotidstrang weist eine bestimmte Richtung (Polarität) auf:

- 3'-Ende: Zuckermolekül
- 5'-Ende: Phosphatrest

In der **Abfolge der Basen** eines Polynukleotidstrangs ist die genetische Information gespeichert ⇒ **genetischer Code**.
Der genetische Code ist …

- ein Triplettcode: Immer drei Nukleotide codieren eine Aminosäure.
- kommafrei: Keine Trennzeichen am Anfang oder Ende eines Tripletts.
- überlappungsfrei: Keine Überschneidungen zwischen den Tripletts.
- redundant: Mehrere Tripletts codieren die gleiche Aminosäure.
- universell: Bei fast allen Organismen identisch.

Struktur der DNA

Zwei Polynukleotidstränge sind zu einem schraubig gewundenen Doppelstrang verbunden ⇒ **Doppelhelix**. Zwei Ketten aus Desoxyribose und Phosphatresten bilden die Holme einer gewundenen Leiter (Zucker-Phosphat-Rückgrat), die Sprossen der Leiter werden von den Basen gebildet. Die **komplementäre Basenpaarung** durch **Wasserstoffbrückenbindungen** erfolgt ausschließlich zwischen A und T (2 H-Brücken) sowie zwischen C und G (3 H-Brücken). Aus den Bindungsverhältnissen ergibt sich zwangsläufig eine gegenläufige Polarität (Antiparallelität) der Stränge.

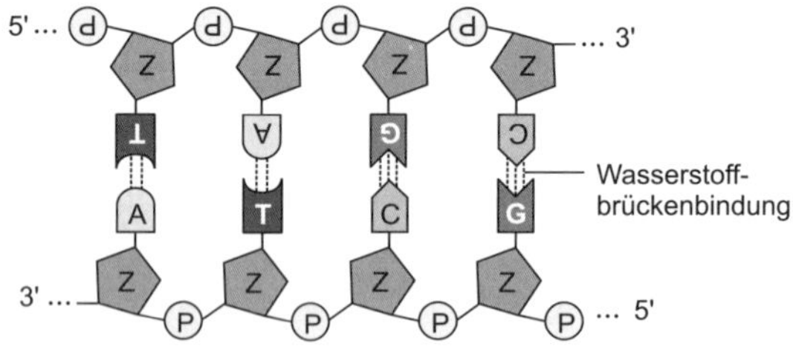

Ausschnitt aus einem DNA-Doppelstrang in schematischer Darstellung

Chromosomen

Das genetische Material kann in den Zellen von Eukaryoten in zwei Organisationsformen vorliegen:

- **Chromatin:** In den stoffwechselaktiven Phasen zwischen den Teilungsvorgängen ⇒ Funktions-(Arbeits-)form.
  Der **DNA-Doppelstrang** (bestimmter Länge) ist regelmäßig um kugelförmige **Histone** (aus je 8 Histon-Protein-Molekülen) geschlungen. Diese **Nukleosomenkette** windet sich spiralförmig zu einem **Chromatinfaden** (Chromatinfaser).
- **Chromosom:** Während der Teilungsvorgänge ⇒ Transportform.
  Zu Beginn eines Teilungsvorgangs werden die Chromatinfäden stark spiralisiert und mehrfach gewunden. Lichtmikroskopisch ist erkennbar, dass je zwei kompakte Chromatinfäden, die identischen **Schwesterchromatiden**, am **Zentromer** verbunden sind ⇒ **Zweichromatid-Chromosom**.

Die Chromosomen des Menschen

In einem **Karyogramm** (geordnete Abbildung aller Chromosomen einer Körperzelle) sind zu erkennen:

- 46 Chromosomen, die sich zu 23 **homologen Chromosomenpaaren** (ein Paarling von der Mutter, der andere vom Vater des betrachteten Individuums) ordnen lassen ⇒ **diploider** (doppelter) Chromosomensatz (2n = 46); **haploider** (einfacher) Chromosomensatz (1n = 23).
- **Autosomen:** 22 Chromosomenpaare sind bei beiden Geschlechtern prinzipiell gleich gestaltet.
- **Gonosomen:** Ein Chromosomenpaar ist für die Geschlechtsbestimmung verantwortlich.
  - **Frau:** zwei gleiche X-Chromosomen (Karyotyp 46, XX)
  - **Mann:** ein X- und ein kleineres Y-Chromosom (Karyotyp 46, XY)

Struktur der RNA

RNA-Moleküle …

- sind viel kürzer als DNA-Moleküle.
- liegen als **Einzelstränge** vor.
- können sich abschnittsweise mit sich selbst paaren ⇒ schlaufenartige Sekundärstrukturen (z. B. tRNA).
- enthalten die Base **Uracil (U)** statt der Base Thymin.

4.2 Identische Verdopplung der DNA

Voraussetzung für Wachstum und Regeneration eines Organismus ist die Erzeugung genetisch identischer Tochterzellen. Dazu muss zunächst das Erbgut der Mutterzelle identisch verdoppelt werden **(Replikation)**, bevor auf die Zellkernteilung **(Mitose)** die eigentliche Zellteilung **(Zytokinese)** folgt. Die wiederkehrende Abfolge dieser Prozesse bezeichnet man als **Zellzyklus:**

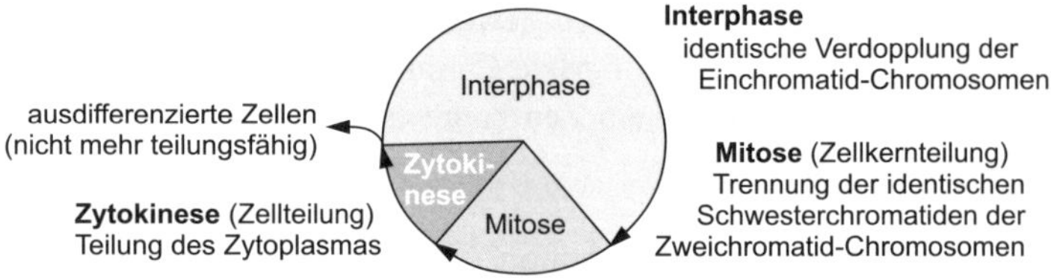

Stamm- und Krebszellen durchlaufen den Zellzyklus beliebig oft.

Interphase

Während der Interphase kommt es zum Zellwachstum, zur Bildung von Organellen und zur **Replikation** der entspiralisierten Einchromatid-Chromosomen. Dabei teilt sich der DNA-Doppelstrang in zwei Einzelstränge, die jeweils als Matrize zur Synthese eines neuen DNA-Doppelstrangs dienen ⇒ In den neu gebildeten DNA-Strängen bleibt jeweils die Hälfte („semi") der Ausgangs-DNA erhalten („konserviert"). Den experimentellen Beweis des **semikonservativen** Replikationsmechanismus erbrachten die Wissenschaftler **MESELSON** und STAHL.

Molekularer Mechanismus der **Replikation:**

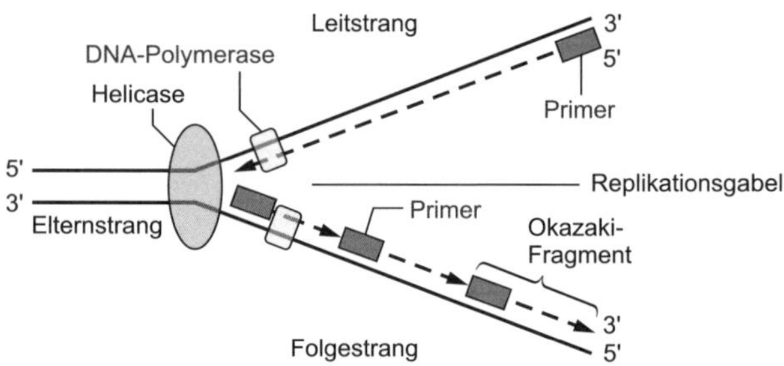

- Enzym Helicase entwindet DNA und trennt sie in Einzelstränge auf.
- In Replikationsgabel angelagerte Proteine verhindern, dass sich die Einzelstränge wieder verbinden.
- Enzym Primase synthetisiert kurze Startermoleküle aus RNA (Primer) mit freiem C3-Atom, die an Replikationsgabel binden.
- Freie Nukleotide lagern sich komplementär an Basen der Einzelstränge an.
- Enzym DNA-Polymerase verbindet angelagerte Nukleotide kovalent in 5' $\rightarrow$ 3'-Richtung (Syntheserichtung).
- Ein Strang kann kontinuierlich ergänzt werden (Leitstrang), der andere (Folgestrang) nur abschnittsweise (diskontinuierlich); hier entstehen kurze unverbundene Abschnitte **(Okazaki-Fragmente)**.
- DNA-Polymerase ersetzt RNA-Primer durch komplementäre DNA-Nukleotide (Ersatz am 5'-Ende des Leitstrangs nicht möglich $\Rightarrow$ verkürztes Chromosom).
- Enzym Ligase verknüpft Okazaki-Fragmente.

Mitose

- **Prophase:**
  - Chromatinfäden spiralisieren und verkürzen sich zu Zweichromatid-Chromosomen.
  - Kernmembran und -körperchen lösen sich auf.
  - An den Zellpolen bildet sich von den Zentriolen ausgehend der Spindelfaserapparat.

- **Metaphase:**
  - Maximal verkürzte Chromosomen ordnen sich hintereinander in der Äquatorialebene an.
  - Zentromer eines jeden Chromosoms ist mit einer Spindelfaser von jedem der beiden Pole verbunden.

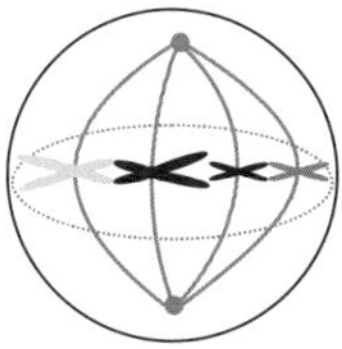

- **Anaphase:**
  - Zweichromatid-Chromosomen werden an den Zentromeren geteilt.
  - Entstandene Einchromatid-Chromosomen bewegen sich mithilfe der Spindelfasern zu den entgegengesetzten Zellpolen.

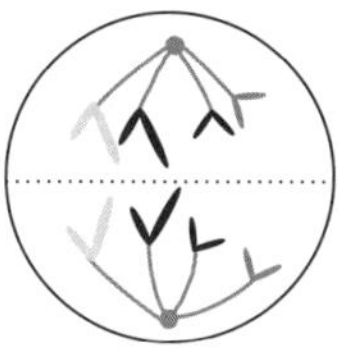

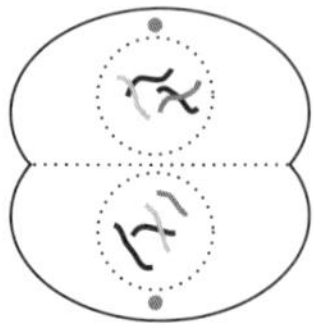

- **Telophase:**
  - Einchromatid-Chromosomen beginnen sich zu entspiralisieren.
  - Spindelfaserapparat wird abgebaut.
  - Zellplasma wird durch Einziehen einer Zellmembran geteilt.
  - Kernmembran und Kernkörperchen bilden sich.

Zytokinese

- **Tierische Zellen** werden durch einen kontraktilen Ring aus Aktinfilamenten und dem Motorprotein Myosin in der Mitte durchschnürt.
- **Bei Pflanzen** bildet sich im Bereich der Zellmitte aus Membranbläschen eine neue Zellwand.

Bleibt die Zytokinese aus, entstehen polyenergide (mehrkernige) Zellen (z. B. Skelettmuskelzellen des Menschen).

4.3 Proteinbiosynthese

Eine DNA-Sequenz, die die Information für ein oder mehrere Protein(e) trägt, nennt man **Gen**.

Die Realisierung der genetischen Information erfolgt in zwei Schritten:

- **Transkription:** Übertragung der Basensequenz der Gene (DNA-Abschnitte) in die Basensequenz einer Boten-Nukleinsäure ⇒ **messenger-RNA (mRNA)**
- **Translation:** Übersetzung der Basensequenz der mRNA in die Aminosäuresequenz eines Polypeptids (Protein)

Ablauf der Transkription

- RNA-Polymerase erkennt Promotor (Startstelle am Anfang des Gens) und heftet sich dort an DNA an.
- RNA-Polymerase entwindet und öffnet DNA-Doppelstrang.
- Codogener Strang wird in 3' → 5'-Richtung abgelesen (Leserichtung).
- RNA-Nukleotide lagern sich entsprechend der komplementären Basenpaarung an codogenen Strang an. Mit Adenin paart sich Uracil (statt Thymin).

- Verknüpfung der RNA-Nukleotide erfolgt in 5' → 3'-Richtung (Syntheserichtung).
- Wenn RNA-Polymerase Stoppstelle (Terminator) am Ende des Gens erreicht, löst sie sich von der DNA und gibt die mRNA frei.

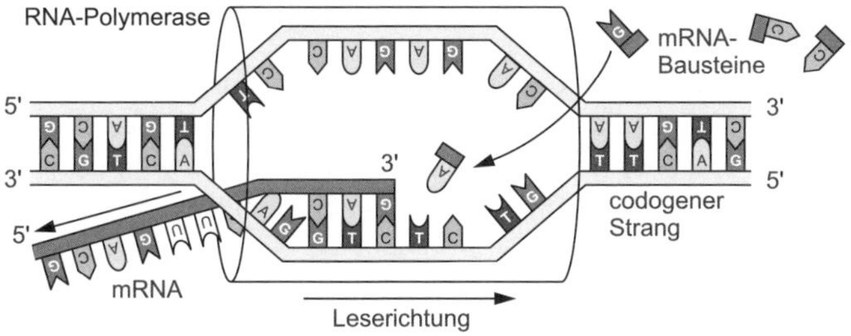

Translation

Um die Basentripletts (Codons) der mRNA in eine Aminosäureabfolge eines Polypeptids zu übersetzen, bedarf es eines Adaptermoleküls, der **transfer-RNA (tRNA)**. Jede tRNA weist ein zu einem Codon komplementäres Anticodon und eine Bindestelle für eine Aminosäure auf.

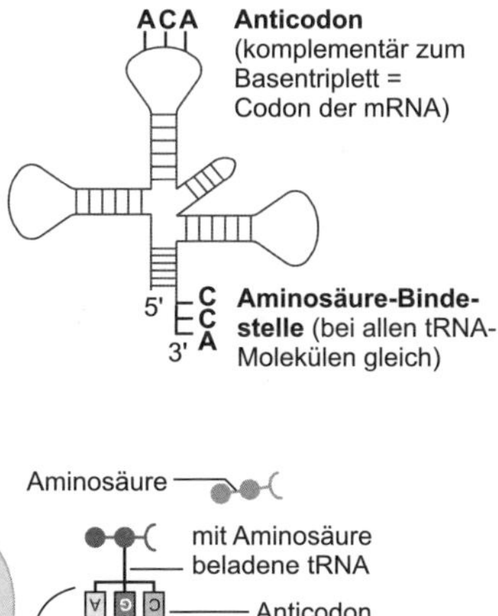

Ablauf:

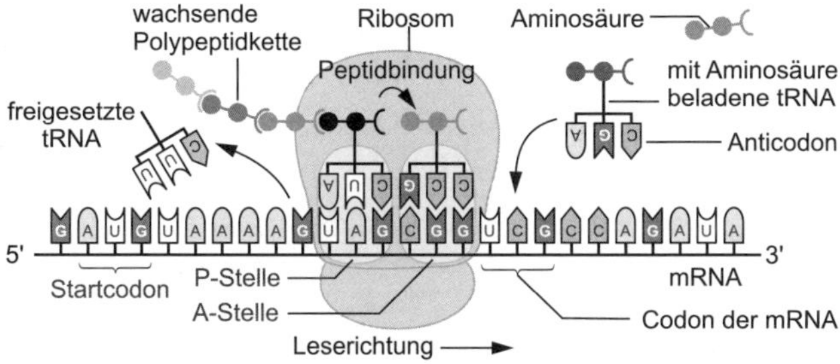

- Ribosom (kleine und große Untereinheit) und eine beladene tRNA heften sich an Startcodon der mRNA (AUG, bei Prokaryoten auch GUG oder UUG) an **(Initiation)**.

- Ribosom wandert in 5' → 3'-Richtung über die mRNA.
- Mit Aminosäuren beladene tRNA-Moleküle binden im Inneren des Ribosoms komplementär an Basentripletts der mRNA (Codons).
- Wenn A(minoacyl)- und P(eptidyl-Stelle) des Ribosoms mit zwei tRNAs besetzt sind, werden die transportierten Aminosäuren durch eine Peptidbindung verbunden.
- Ribosom rutscht um ein Codon in 3'-Richtung weiter. Die dem 5'-Ende nähere tRNA gibt ihre Aminosäure ab und wird freigesetzt.
- An neues, nun an der freien A-Stelle liegendes Codon wird passende tRNA angelagert, die Aminosäure mit Polypeptidkette verbunden usw. **(Elongation)**.
- Wird ein Stoppcodon (z. B. UAA) erreicht, wird fertige Polypeptidkette (Protein) freigesetzt, Ribosom löst sich von mRNA **(Termination)**.

Da immer drei Basen eine Aminosäure codieren, gibt es theoretisch für die 20 zu codierenden Aminosäuren 64 (4^3) verschiedene Codons. Drei davon sind allerdings Stoppcodons.

Proteinbiosynthese bei Eukaryoten

- Eukaryotengene setzen sich aus **Exons** (kodierende Abschnitte) und **Introns** (nicht kodierende Abschnitte) zusammen (Mosaikgene).
- Bei der Transkription entstehende prä-mRNA muss **Reifungsprozess (Prozessierung)** zur fertigen mRNA durchlaufen. Dabei werden Intronabschnitte der prä-mRNA herausgeschnitten ⇒ mRNA.
- Durch alternatives Spleißen können mehrere verschiedene mRNA-Moleküle gebildet werden ⇒ Entstehung verschiedener Proteine.

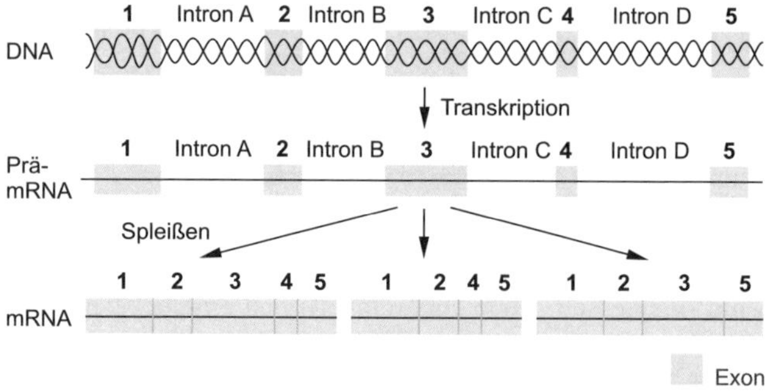

4.4 Regulation der Genaktivität

Konstitutive Gene werden laufend transkribiert, da sie für ständig gebrauchte Enzyme und Strukturproteine in einer Zelle codieren. Gene, deren Produkte nur unter bestimmten Bedingungen oder in bestimmten Entwicklungsphasen benötigt werden, werden je nach Bedarf „an-" oder „abgeschaltet" ⇒ **regulierte Gene**.

Genregulation bei Prokaryoten

Das **Operon-Modell** (JACOB/MONOD) beschreibt die Genregulation:

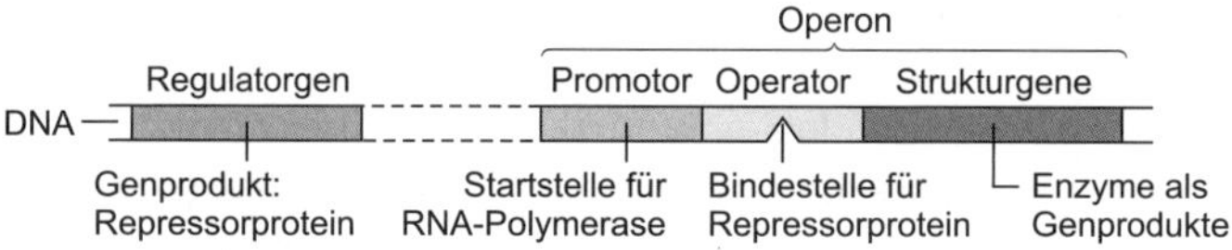

- **Genregulation durch Substratinduktion:**
  Das **aktive** Repressorprotein verhindert, an Operator gebunden, die Gentranskription; vorhandenes Substrat inaktiviert den Repressor ⇒ Transkription der Strukturgene und Substratabbau durch Enzyme.

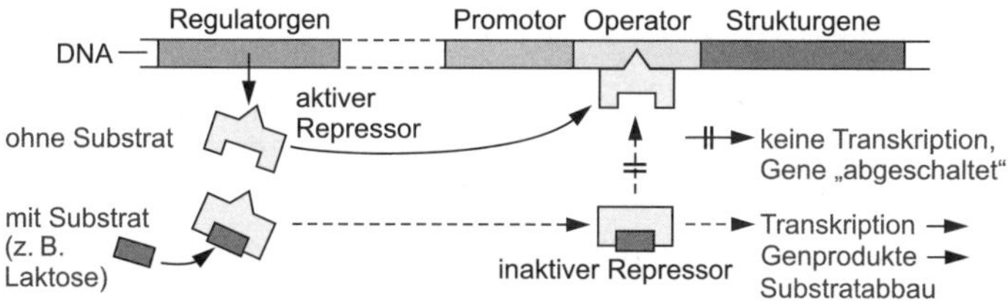

- **Genregulation durch Endproduktrepression:**
  Das **inaktive** Repressorprotein lässt die Gentranskription zu; das mithilfe des Genprodukts gebildete Endprodukt aktiviert den Repressor, der an Operator bindet ⇒ Stopp der Gentranskription.

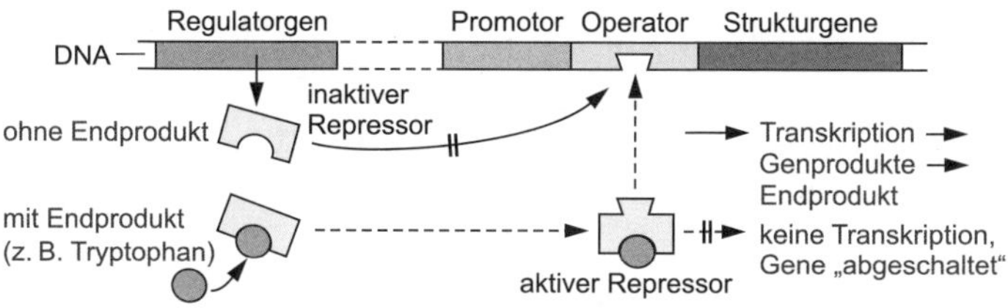

Genregulation bei Eukaryoten

Meist steuern mehrere regulatorische Proteine **(Transkriptionsfaktoren)** die Transkription durch Bindung an den Promotorbereich. Erst dieser Transkriptionskomplex ermöglicht die Bindung der RNA-Polymerase an den Promotor. Zusätzlich erlauben kurze **regulatorische Sequenzen** (Enhancer- bzw. Silencer-Sequenzen) eine Modulierung der Transkriptionsrate über Bindung von Aktivator- bzw. Repressorproteinen, die ebenfalls mit dem Transkriptionskomplex interagieren.

4.5 Genwirkketten

Oft wirken an der Ausbildung von Merkmalen mehrere Gene zusammen. Alle Gene, die für Enzyme einer voneinander abhängigen Synthesekette codieren, bilden dabei eine sogenannte **Genwirkkette:**

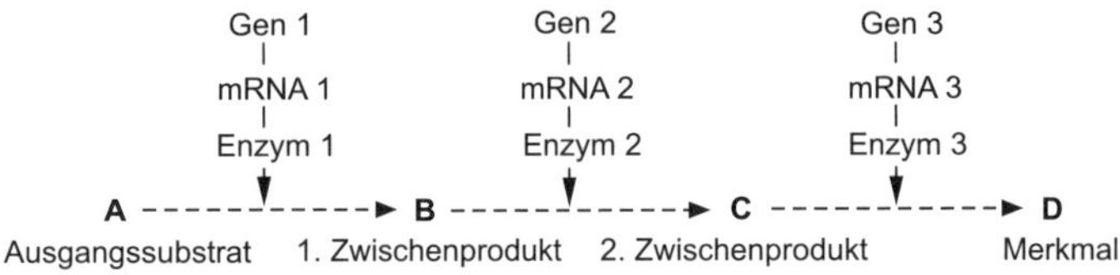

Ist ein Gen einer Genwirkkette mutiert, so kann das Endprodukt dieser Synthesekette nicht mehr gebildet werden **(genetischer Block)** und die Vorläufersubstanz häuft sich an.

Beim Krankheitsbild der **Phenylketonurie** kommt es zur Anhäufung von Phenylalanin und unbehandelt zu schweren geistigen Beeinträchtigungen.

4.6 Ursachen und Folgen von Mutationen

Mutationen sind ungerichtete, dauerhafte Veränderungen des Erbguts. Sie haben in den meisten Fällen negative Auswirkungen, sind aber auch **Grundlage der genetischen Vielfalt (Variabilität)** und damit eine wichtige Voraussetzung für die Evolution der Lebewesen.

Ursachen von Mutationen

- **Spontanmutation:** Plötzlich und ohne äußere Ursachen eintretende Mutation (z. B. Replikationsfehler).
- **Induzierte Mutation:** Durch Chemikalien (z. B. Teerstoffe des Zigarettenrauchs) oder energiereiche Strahlung (z. B. UV-, Röntgen-, γ-Strahlen) ausgelöste Mutation.

Erblichkeit von Mutationen

- **Somatische Mutationen** treten in Körperzellen (somatischen Zellen) auf. Sie werden durch Mitosen an alle Tochterzellen, aber nicht an die nächste Generation weitergegeben.
- **Keimbahnmutationen** treten in Keimbahnzellen (Ei- und Spermienzelle bzw. Pollenzelle) auf. Sie werden bei der Befruchtung an die nächste Generation weitergegeben, sodass alle Zellen der Nachkommen diese Mutation tragen.

Arten von Mutationen und ihre Folgen

- **Genommutationen** (numerische Chromosomenaberrationen) verändern die Anzahl der Chromosomen pro Zelle:
  - **Aneuploidie:** Durch Nondisjunction eines homologen Chromosomen- oder eines Schwesterchromatidenpaares während der Meiose kann es zu einzelnen fehlenden (z. B. nur ein X-Chromosom ⇒ Turner-Syndrom) oder überzähligen Chromosomen (z. B. XXY ⇒ Klinefelter-Syndrom; Trisomie 21) kommen.
  - **Polyploidie:** Wird der gesamte Chromosomensatz im Laufe der Meiose nicht reduziert, so führt dies bei der Befruchtung zu Zygoten mit mehr als zwei kompletten Chromosomensätzen.

    Häufig werden polyploide Pflanzen gezielt zur Leistungssteigerung gezüchtet, z. B. hexaploider Saatweizen.
- **Chromosomenmutationen** (strukturelle Chromosomenaberrationen) führen zu veränderter Chromosomenstruktur:
  - **Deletion:** Verlust eines Chromosomenstücks
  - **Translokation:** Umlagerung eines Chromosomenstücks auf ein anderes Chromosom

- **Inversion:** Umkehrung einer Basensequenz innerhalb eines Chromosoms
- **Duplikation:** Verdopplung von Chromosomenabschnitten

Die unterschiedlichen Globingene des Menschen sind vermutlich durch Duplikationen und anschließende Punktmutationen entstanden.

- **Genmutationen** betreffen die Basensequenz der DNA:
  - **Punktmutation:** Austausch einer Base durch eine andere Base; kann im codierenden Bereich der DNA zu einem Stoppcodon in der mRNA und damit zum verfrühten Abbruch der Translation (**Nonsense-Mutation**) oder zu einer falsch eingebauten Aminosäure (**Missense-Mutation**) führen. Ohne Folgen bleiben Punktmutationen, die aufgrund der Redundanz des genetischen Codes zum Einbau der gleichen Aminosäure (**stumme Mutation**) führen oder die sich in nicht codierenden DNA-Regionen ereignen.
  - **Rastermutation:** Einschub oder Verlust einer Base führt zu Verschiebung des Leserasters ⇒ falsche Aminsosäuresequenz oder Stoppcodon bei der Proteinbiosynthese.

DNA-Reparatursysteme

Mithilfe spezieller **Reparaturenzyme**, die fortwährend an der DNA „entlangwandern“, lässt sich ein Teil der Genmutationen beheben:

- **Fotoreaktivierung:** Das Enzym Fotolyase löst Bindungen von durch UV-Licht induzierten Thymin-Dimeren mithilfe von Lichtenergie.
- **Exzisionsreparatur:** Schneidet beschädigte und einige benachbarte Basen aus und füllt Lücke mithilfe der DNA-Polymerase.
- **SOS-Reparatur:** Durch größere DNA-Schädigungen induzierter Reparaturmechanismus, der trotz DNA-Schäden eine Replikation ermöglicht.

Bei der Krankheit Xeroderma pigmentosum sind Enzyme des Exzisionsreparaturmechanismus defekt ⇒ keine Entfernung von UV-Licht-induzierten Basen-Dimeren ⇒ Ausbildung von Hautkrebs.

5 Angewandte Genetik

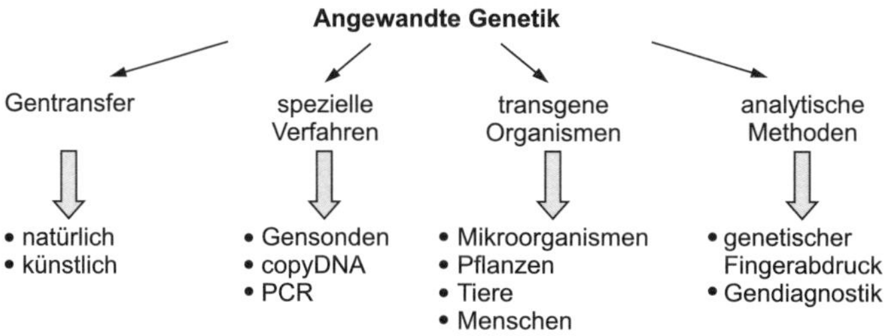

5.1 Natürlicher Gentransfer

Natürlich vorkommende Übertragung genetischen Materials zwischen Organismen; wird z. T. auch zur gentechnischen Erzeugung transgener Organismen genutzt.

- **Transformation:** Fähigkeit von Bakterien zur Aufnahme freier Fremd-DNA über ihre Zelloberfläche.
- **Konjugation:** Übertragung von DNA über eine Plasmabrücke zwischen Bakterien.
- **Transduktion:** Übertragung von DNA zwischen Bakterien durch Bakteriophagen (Viren, die Bakterien befallen).

Bakterien können auf diese Weise Resistenzgene gegen Antibiotika austauschen und sich zu multiresistenten Stämmen entwickeln.

5.2 Künstlicher Gentransfer – Gentechnik

Gezielte, künstliche Übertragung fremder Erbinformation in ein Lebewesen zur Erzeugung eines transgenen Organismus mit anderen Eigenschaften und Fähigkeiten.

Grundlegende Werkzeuge des Gentransfers

- **Restriktionsenzyme** (z. B. EcoRI): Schneiden doppelsträngige DNA oft an spezifischen punktsymmetrischen Basenfolgen (Basenpaar-

Palindromen), sodass gleiche überstehende Einzelstrangenden, sogenannte **sticky ends** (klebrige Enden), entstehen.

- **Ligasen:** Dienen zur Verknüpfung von DNA-Fragmenten.
- **Vektoren:** Dienen als „Transportmittel" für die Übertragung von Fremd-DNA in Wirtszellen. Wichtige Vektoren sind die **Plasmide**, kleine ringförmige DNA-Moleküle aus Bakterienzellen.
  Vektoren müssen …
  - einfach und in großen Mengen isolierbar sein.
  - eine Anfangsstelle für die Replikation (ori) enthalten.
  - Schnittstellen für verschiedene Restriktionsenzyme aufweisen.
  - Marker für die Selektion enthalten, z. B. Gene für die Resistenz gegen bestimmte Antibiotika.

Herstellung neu kombinierter (rekombinanter) DNA

- Isolierung der DNA des Spenderorganismus und Zerschneiden dieser DNA mit einem Restriktionsenzym; Identifizieren und Isolieren des gewünschten Gens.
- Gewinnung von Plasmiden aus Bakterienzellen und Aufschneiden der Plasmide mit dem gleichen Restriktionsenzym, das zum Zerschneiden der Spender-DNA verwendet wurde.

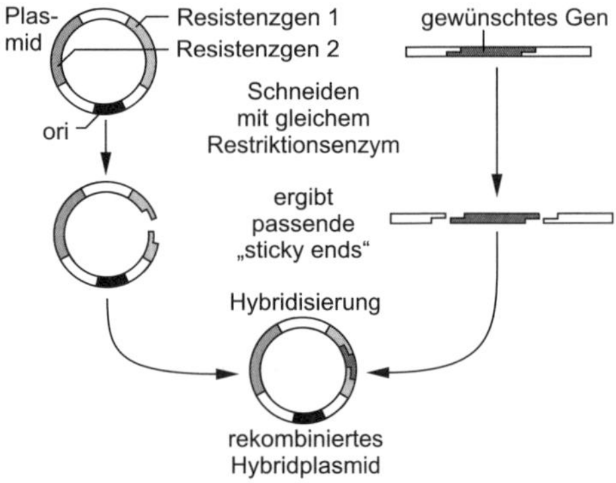

- Hybridisierung: Vermischen von aufgeschnittenen Plasmiden und Spender-DNA, dabei lagern sich die sticky ends komplementär zusammen; Zugabe von Ligase zur Verknüpfung der DNA-Stränge $\Rightarrow$ Hybridplasmide.
- Transformation: Übertragung der Hybridplasmide in Bakterienzellen.

Selektion der transgenen Bakterien

Wird eines der Resistenzgene zerschnitten (vgl. Resistenzgen 1 in Abb. S. 26) und die Spender-DNA integriert, so fällt die Funktion dieses Gens aus **(Prinzip der Markerinaktivierung)** ⇒ Bakterien verlieren Widerstandsfähigkeit gegen entsprechendes Antibiotikum (hier Antibiotikum 1). Durch Anzucht auf Nährböden mit Antibiotika lassen sich die Bakterien mit Hybridplasmid identifizieren:

- Selektion der Bakterien mit Plasmid oder Hybridplasmid: Anzucht auf Nährboden mit Antibiotikum 2 ⇒ kein Wachstum von Bakterien ohne Plasmid, da diese kein Antibiotikum-Resistenzgen besitzen.
- Selektion der Bakterien mit Plasmid ohne Spender-DNA: Übertragung (Samtstempel) der auf dem Nährboden angewachsenen Kolonien auf Nährboden mit Antibiotikum 1 ⇒ nur Wachstum von Bakterien mit Plasmid, Resistenzgen 1 noch funktionsfähig.
- Identifikation der Bakterien mit Hybridplasmid: Bildung von Kolonien nur auf Nährboden mit Antibiotikum 2, nicht jedoch auf Nährboden mit Antibiotikum 1.

Die Bakterien mit Hybridplasmid werden vermehrt. Es entsteht eine Population von Zellen mit identischem Erbgut, ein **Klon**.

Weitere Methoden des Gentransfers

- **Viren als Vektoren:** Viren, in deren Erbgut Fremd-DNA eingefügt wurde; zur Infektion von Prokaryoten dienen Bakteriophagen, bei eukaryotischen Zellen häufig Retroviren.
- **Bakterien als Vektoren für Pflanzen:** Übertragung von Fremd-DNA durch Bakterien (z. B. *Agrobacterium tumefaciens*), die Pflanzenzellen infizieren.
- **Elektroporation:** Transfer von Fremd-DNA in die Zelle über temporäre Poren in der Zytoplasmamembran, die infolge eines kurzen elektrischen Schocks entstehen.
- **Partikelkanonen:** Beschuss von Zellen mit winzigen Goldpartikeln, die mit Fremd-DNA beschichtet sind.
- **Mikroinjektion:** Direkte Injektion von Fremd-DNA mithilfe einer feinen Glaskanüle.
- **Liposomen:** Aufnahme von Fremd-DNA enthaltenden Vesikeln durch Phagozytose.

5.3 Spezielle Verfahren

Gensonden

- **Ziel:** Auffinden eines bestimmten Gens im Genom.
- **Voraussetzung:** Zumindest ein kleiner Teil der Basensequenz des Gens muss bekannt sein.
- **Vorgehen:** Herstellung kurzer einsträngiger DNA- (oder RNA-) Stücke, die zur bekannten Basensequenz komplementär sind ⇒ können sich an das gesuchte Gen anlagern (hybridisieren). Die **Gensonden** sind zur Identifizierung radioaktiv oder mit Fluoreszenzfarbstoff markiert.

Herstellung von copy-DNA (cDNA) aus mRNA

- **Ziel:** Gewinnung von **cDNA**, die als Spender-DNA oder als Gensonde verwendet werden kann.
- **Vorgehen:** Aus Zellen, in denen das gewünschte Gen gerade abgelesen wird, lässt sich die reife mRNA als Produkt von Transkription und Prozessierung gewinnen. Das Enzym **reverse Transkriptase** ergänzt diese mRNA zu einem RNA-DNA-Hybrid-Doppelstrang. Der RNA-Einzelstrang wird im nächsten Schritt enzymatisch abgebaut. Anschließend wird der DNA-Einzelstrang mithilfe der **DNA-Polymerase** zum Doppelstrang aufgebaut.

Da cDNA nur noch codierende (Exon-)Sequenzen aufweist, eignet sie sich gut, um eukaryotische Gene, z. B. das menschliche Insulingen, in Bakterien einzusetzen, da diese nicht fähig sind, Introns zu entfernen.

Polymerase-Kettenreaktion (PCR)

- **Ziel:** Vervielfältigung von DNA.
- **Vorgehen:** Der Versuchsansatz enthält die zu vervielfältigende doppelsträngige DNA, hitzebeständige **DNA-Polymerase (Taq-Polymerase)**, die vier Nukleotide der DNA in größerer Menge und **Primer** (Startpunkt für DNA-Polymerase).
  - **Denaturierung:** Bei ca. 94 °C Zerlegung der DNA in Einzelstränge.
  - **Hybridisierung:** Bei 50–70 °C Anlagerung der Primer an das 3'-Ende der DNA-Einzelstränge.

- **Amplifikation:** Bei ca. 70 °C Synthese des komplementären Strangs durch die DNA-Polymerase, ausgehend von den Primern.

Die drei Schritte werden bis zu 40-mal wiederholt.

Gelelektrophorese

- **Ziel:** Trennung unterschiedlicher Moleküle einer Lösung.
- **Vorgehen:** Ein Gel (molekularer Filter) wird mit den in Lösung enthaltenen Molekülen (z. B. Proteine, DNA) befüllt und unter Gleichspannung gesetzt. Abhängig von Ladung, Größe und Gestalt wandern die Moleküle unterschiedlich schnell durch das Gel. Negativ geladene Moleküle (z. B. DNA) wandern von der Kathode (Minus-Pol) zur Anode (Plus-Pol). Visualisierung der Moleküle ⇒ Anfärbung der Banden, radioaktive oder Fluoreszenzfarbstoff-Markierung.

5.4 Anwendungen der Gentechnik

Transgene Mikroorganismen und Zellkulturen

- Herstellung von Medikamenten
  - Humaninsulin für Diabetiker
  - Faktor VIII für Bluter
  - HPV-Impfstoff gegen Viren, die Gebärmutterhalskrebs auslösen
- Herstellung von Enzymen für biotechnologische Prozesse
  - Labferment für die Käseherstellung
  - Enzyme für die Umwandlung von Stärke in Zuckersirup
  - Proteasen, Lipasen und Amylasen für Waschmittel

Transgene Pflanzen

Zur Übertragung fremder Gene in Pflanzenzellen wird in den meisten Fällen das Bodenbakterium *Agrobacterium tumefaciens* verwendet, das ein **Ti-Plasmid** enthält. Agrobakterien besitzen die Fähigkeit, Gene des Ti-Plasmids in die DNA von Pflanzenzellen einzuschleusen. Die betroffenen Pflanzenzellen entwickeln sich zu einem Tumor (Ti = tumorinduzierend). Zur Erzeugung transgener Pflanzen werden die tumorauslösenden Gene durch Spender-Gene ersetzt.

- Herbizidresistenter Mais und Raps
- Schädlingsresistenter Bt-Mais

Transgene Tiere

Bisher wurden die meisten transgenen Tiere durch DNA-Mikroinjektion erzeugt: In die befruchteten Eizellen von z. B. Mäusen, Schafen oder Schweinen wird Spender-DNA injiziert. Zu einem geringen Prozentsatz erfolgt ein Einbau der Spender-DNA in ein Chromosom.

- Transgene Lachse, die schneller wachsen
- Transgene Schafe oder Kühe, die Wirkstoffe für Arzneimittel produzieren und mit der Milch ausscheiden (Gen-Pharming)

Transgene menschliche Zellen

- **Somatische Gentherapie:** In Körperzellen, die ein mutiertes Gen enthalten, werden z. B. mithilfe von Viren die intakten Allele übertragen, um den Gendefekt auszugleichen.

  Behandlung einer angeborenen Immunschwäche (SCID), deren Ursache ein genetisch bedingter Enzymmangel in Lymphozyten ist.
- **Keimbahntherapie:** Um merkmalsfreie Nachkommen eines Trägers eines defekten Gens zu erzeugen, muss das intakte Allel bereits in die Keimzellen eingeschleust werden. Dieses Verfahren ist in Deutschland gesetzlich verboten.

5.5 Analytische Methoden

Genetischer Fingerabdruck

- **Prinzip:** Eindeutige Identifikation von Individuen anhand interindividuell variabel langer DNA-Sequenzen (polymorphe Sequenzen).
- **Vorgehen:** Zur Gewinnung der polymorphen Sequenzen werden zwei Verfahren eingesetzt:
  - **Restriktions-Fragment-Längen-Polymorphismus (RFLP):** Schneiden der DNA polymorpher Bereiche mit bestimmtem Restriktionsenzym. Abhängig von der Lage der Schnittstelle entsteht pro Individuum ein typisches Gemisch aus DNA-Fragmenten.

– **Tandemwiederholungen** (**v**ariable **n**umber of **t**andem **r**epeats, VNTRs; **s**hort **t**andem **r**epeats, STRs):
Amplifikation kurzer, sich wiederholender DNA-Sequenzen mithilfe der PCR. Die Wiederholungen und damit die Länge der VNTRs bzw. STRs unterscheiden sich ebenfalls von Individuum zu Individuum.

Die erhaltenen DNA-Fragmente werden mittels Gelelektrophorese aufgetrennt ⇒ individuelles DNA-Bandenmuster.

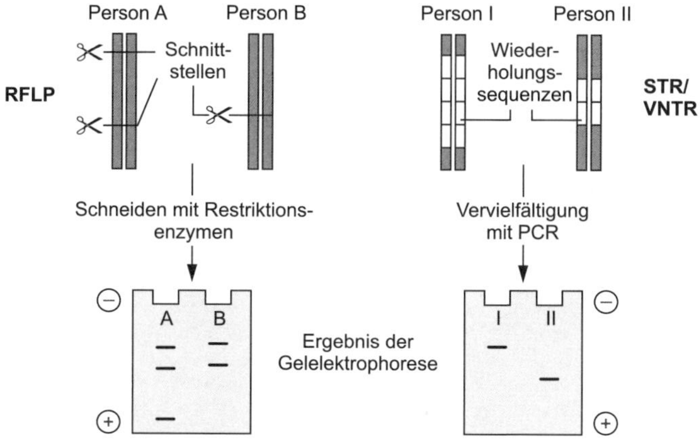

- **Anwendung:** Forensik, Verwandtschaftsanalyse (z. B. Vaterschaftstest)

Gendiagnostik

- **Ziel:** Nachweis genetischer Defekte durch Analyse von DNA/RNA.
- **Voraussetzung:** Krankheitsauslösende Mutationen sind bekannt.
- **Methoden:**
  – **Gensonden:** Hybridisieren von kurzen, zum gesuchten Gen(abschnitt) komplementären, radioaktiv markierten Einzelstrang-DNA-Sequenzen (DNA-Sonden) mit Einzelstrang-DNA-Fragmenten aus einer Probe auf einer Membran und Schwärzen eines Röntgenfilms (**Southern Blot**).

  Simultan-Untersuchung vieler Gene mittels **Genchip:** Verankerung Tausender bekannter, synthetischer DNA-Sonden auf Glasträger, die mit fluoreszenzmarkierten Proben hybridisieren; Lokalisierung mittels Laserscanner.

- **Analyse der Länge von Basensequenzen:** PCR der zu untersuchenden Basensequenz, Gelelektrophorese der erhaltenen DNA-Fragmente, Diagnose anhand Längenstandard (z. B. Chorea Huntington).
- **DNA-Sequenzierung:** Ermittlung der genauen Basenabfolge und Vergleich mit nicht mutierter DNA-Sequenz.

6 Fortpflanzung und Entwicklung

Lebewesen geben ihre genetische Information durch **Fortpflanzung** an ihre Nachkommen weiter. Vielzellige Lebewesen durchlaufen einen Prozess fortlaufender Veränderungen (**Entwicklung**).

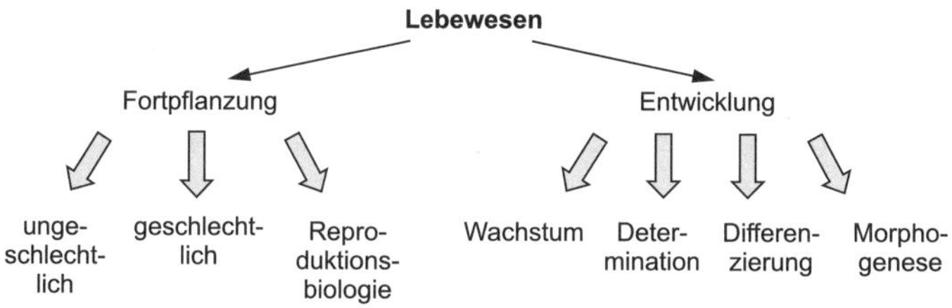

6.1 Ungeschlechtliche und geschlechtliche Fortpflanzung

Ungeschlechtliche (asexuelle) Fortpflanzung

Nachkommen gehen aus **mitotischen Teilungen** eines Elternorganismus hervor: **Zweiteilung** bei Einzellern (z. B. Bakterien), **Knospung** bei vielzelligen Organismen (z. B. Süßwasserpolyp *Hydra* spec.). Die Nachkommen sind mit dem Elternorganismus genetisch identisch (**Klon**).
Asexuelle Fortpflanzung bewahrt einen an eine bestimmte Umwelt optimal angepassten Genotyp und ist somit in **stabilen Lebensräumen** vorteilhaft, die sich über längere Zeit kaum verändern.

Geschlechtliche (sexuelle) Fortpflanzung

Nachkommen gehen aus **haploiden** Geschlechtszellen (**Keimzellen**) hervor, die durch Reduktionsteilung (**Meiose**) aus diploiden Urkeimzellen gebildet werden. Dabei kommt es zu einer **Neukombination** des genetischen Materials durch zufällige Verteilung der homologen Chromosomen (**interchromosomale Rekombination**) sowie zum Stückaustausch zwischen homologen Chromosomen (**Crossing-over**) während der 1. Reifeteilung.

- **Unisexuelle (parthenogenetische) Fortpflanzung:** Nachkommen gehen aus unbefruchteten, oft haploiden Eizellen hervor **(Jungfernzeugung)**, z. B. bei Blattläusen.
- **Bisexuelle Fortpflanzung:** Vereinigung zweier haploider Keimzellen (Eizelle und Spermium) zu einer diploiden befruchteten Eizelle **(Zygote)**. Durch das zufällige Zusammentreffen der Keimzellen bei der Befruchtung erhöht sich die genetische Variabilität.

Sexuelle Fortpflanzung erzeugt eine große genetische Variabilität und ermöglicht somit Lebewesen eine hohe Anpassungsfähigkeit an sich verändernde Umweltbedingungen in **instabilen Lebensräumen**.

6.2 Entwicklung

Entwicklung umfasst mehrere, miteinander in Beziehung stehende Prozesse:

- **Wachstum:** Größenzunahme durch Zellteilung (Zellvermehrung) und Volumenzunahme (Zellvergrößerung).
- **Determination:** Festlegung einer Zelle auf ein bestimmtes Entwicklungsschicksal. Frühe Determination erfolgt häufig durch asymmetrische Verteilung maternaler (mütterlicher) Faktoren im Zytoplasma der Eizelle **(zytoplasmatische Segregation)**. Im weiteren Entwicklungsverlauf werden Zellen oft über Konzentrationsgradienten chemischer Stoffe, die von bestimmten Zellen sezerniert werden, determiniert **(Induktion)**.

  Unterscheidung je nach Determinierungsgrad in:
  - **Totipotente** Stammzellen: Können noch einen vollständigen Organismus hervorbringen.
  - **Pluripotente** Stammzellen: Können sich zu allen Zellen des Organismus entwickeln.
  - **Multipotente** (adulte) Stammzellen können sich zu verschiedenen Zelltypen, meist eines bestimmten Gewebes, entwickeln.
  - **Ausdifferenzierte** Körperzellen haben ihre Entwicklungsfähigkeit verloren.

Für medizinische Anwendungen sind v. a. **patientenspezifische pluripotente Stammzellen** zur Gewinnung von Zellen und Geweben interessant, die vom Empfänger nicht abgestoßen werden. Diese

Zellen können durch **therapeutisches Klonen** oder eine gentechnische Reprogrammierung adulter Stammzellen des Patienten **(induzierte pluripotente Stammzellen)** gewonnen werden.

- **Differenzierung:** Strukturelle und funktionelle Spezialisierung der Zellen durch An- und/oder Ausschalten bestimmter Gene mithilfe von Transkriptionsfaktoren **(differentielle Genexpression)**.
- **Morphogenese:** Gestaltbildung durch eine gezielte räumliche Organisation differenzierter Zellen. **Zellproliferation**, aber auch selektives Zellsterben durch **Apoptose** (programmierter Zelltod) manifestieren die Körpergestalt. Konzentrationsgradienten chemischer Stoffe **(Morphogene)** liefern dabei wichtige Positionsinformationen zur räumlichen Organisation der Gewebe **(Musterbildung)**.

6.3 Reproduktionsbiologie

Künstliche Befruchtung

- **Künstliche Besamung (Insemination):** Injektion von Sperma über eine Kanüle durch die Vagina in den Uterus (Gebärmutter). Häufige Methode in der Zucht hoch leistungsfähiger Nutztiere; beim Menschen Samenspende des Partners (homologe Insemination) oder eines Fremden (heterologe Insemination).
- **In-Vitro-Fertilisation (IVF):** Befruchtung im Reagenzglas. Nach hormoneller Stimulation der Eizellreifung werden mehrere Eizellen aus dem Eierstock entnommen und im Reagenzglas mit Spermien gemischt; Einpflanzung der sich aus den befruchteten Eizellen entwickelnden Embryonen in den Uterus ⇒ Anwendung bei beidseitigem Eileiterverschluss oder als Voraussetzung für eine PID.
- **Intrazytoplasmatische Sperma-Injektion (ICSI):** Direkte Injektion eines einzelnen Spermiums mithilfe einer feinen Glaskapillare in das Zytoplasma der Eizelle ⇒ Anwendung bei geringer Spermienanzahl im Ejakulat oder gestörter Beweglichkeit der Spermien.

Präimplantationsdiagnostik (PID)

Untersuchung von im Reagenzglas befruchteten Eizellen auf genetisch bedingte Krankheiten. Dabei wird einem aus In-Vitro-Fertilisation gewonnenen frühen Embryo eine Zelle entnommen ⇒ Untersuchung auf genetische Defekte.

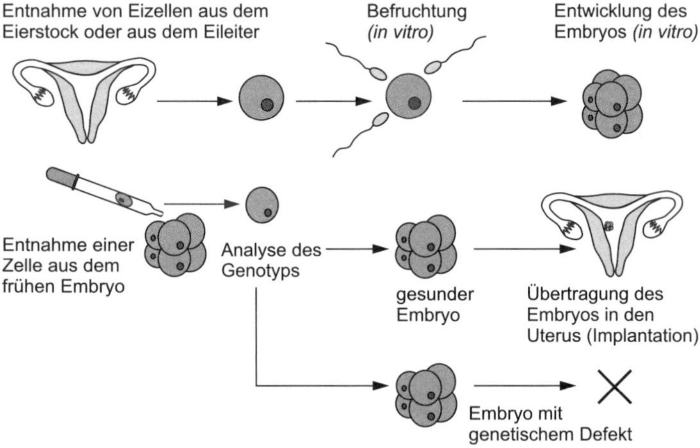

Pränatale Diagnostik

- **Nichtinvasive Methoden:** Ultraschalluntersuchung, Untersuchung von Hormonkonzentrationen im mütterlichen Blut, genetische Analyse des Blutes der Schwangeren (Erbgutfragmente des Kindes).
- **Invasive Methoden:** Chromosomenanalyse, Gentests und biochemische Untersuchungen von Zellen des Kindes, die durch die Entnahme von Fruchtwasser **(Amniozentese)**, aus dem Gewebe der Embryonalhüllen **(Chorionzottenbiopsie)** oder über eine **Nabelschnurpunktion** gewonnen werden.

Klonen

- Herstellung genetisch identischer Individuen **(reproduktives Klonen):**
  - **Embryonenteilung:** Teilung früher Embryonalstadien, in denen noch alle Zellen totipotent sind (bei Säugern i. d. R. bis zum 8-Zell-Stadium) und Übertragung in eine Leihmutter.

– **Kernübertragung:** Übertragung eines Zellkerns einer Körperzelle mithilfe einer feinen Glaskapillare in eine entkernte Eizelle und Einsetzen des Embryos nach einigen Teilungsschritten in eine Leihmutter.

Praktisches Ziel des reproduktiven Klonens ist die Erzeugung genetisch identischer Individuen eines besonders leistungsfähigen Nutztieres.

- Herstellung von Zellklonen, aus denen bestimmte Zelltypen zur Behandlung kranker Menschen gewonnen werden **(therapeutisches Klonen):**
  – Übertragung des Zellkerns einer Körperzelle des späteren Empfängers in eine entkernte Eizelle.
  – Entwicklung des Embryos bis zum Blastozystenstadium.
  – Entnahme von Zellen der inneren Zellmasse (Embryoblast).
  – Vermehrung und Differenzierung der pluripotenten embryonalen Stammzellen durch geeignete Kulturmedien zu den gewünschten Zelltypen.
  – Transplantation der Zellen (Gewebe oder Organe) auf den Empfänger (ohne Abstoßungsreaktion).

In Deutschland verboten, da mit der Zellentnahme auch der Embryo zerstört wird.

Immunbiologie

7 Unspezifische Immunabwehr

Unspezifische Immunabwehr: Angeborene Abwehrmechanismen, die sich gegen alle Krankheitserreger und Fremdstoffe richten.

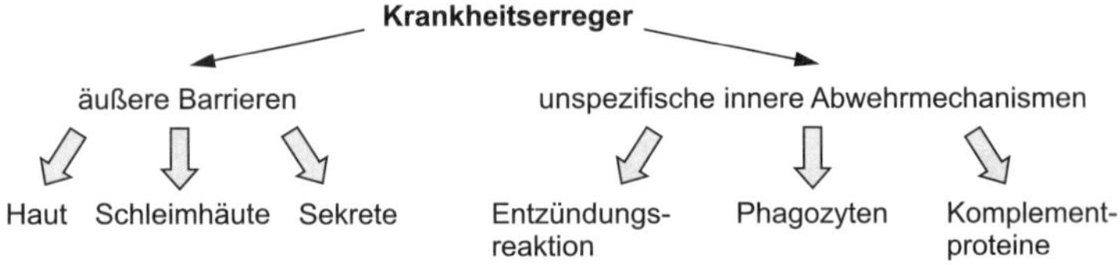

7.1 Erreger

- **Würmer:** Endoparasiten aus dem Stamm der Rund- und Plattwürmer, z. B. Madenwurm, Pärchenegel (⇒ Bilharziose), Schweine- und Fuchsbandwurm
- **Pilze:** Faden- oder Sprosspilze, meist oberflächliche Haut- und Schleimhautinfektion, z. B. Fuß- und Nagelpilz, *Candida albicans* (⇒ Kandidose der Mund- und Genitalschleimhaut)
- **Einzeller:** Parasitische Formen tierischer Einzeller (Protozoen), z. B. Plasmodien (⇒ Malaria), Trypanosomen (⇒ Schlafkrankheit)
- **Bakterien:** Pathogene Prokaryoten, Schädigung meist durch Toxine z. B. Streptokokken (⇒ Scharlach), Tetanus-Bakterium (⇒ Wundstarrkrampf)
- **Viren:** Obligate intrazelluläre Parasiten ohne eigenen Stoffwechsel bestehend aus Eiweißhülle und Nukleinsäure, z. B. Influenza-Viren (⇒ Grippe), Polioviren (⇒ Kinderlähmung), HIV (⇒ AIDS)

7.2 Äußere Barrieren

- **Haut:** Verhindert als physikalische Barriere das Eindringen von Erregern und Fremdstoffen. Saure Drüsensekrete hemmen Wachstum von Mikroorganismen bzw. hindern diese an Besiedlung der Haut.

- **Schleimhäute:** Verhindern das Eindringen von Krankheitserregern. Von den Zellen der Schleimhäute gebildeter Schleim schließt Erreger ein und enthält oft bakterizide Proteine (z. B. Lysozym).

7.3 Unspezifische innere Abwehrmechanismen

Mechanismen gegen die Ausbreitung von in den Körper eingedrungenen Krankheitserregern.

- **Entzündungsreaktion:** Gewebeschädigungen infolge einer Verletzung oder einer Infektion lösen verschiedene Reaktionen aus:
  - Freisetzung von Signalstoffen aus Mastzellen des Bindegewebes (Histamin) ⇒ Gefäßerweiterung und erhöhte Durchlässigkeit der umliegenden Kapillare für Gerinnungsfaktoren (Reparatur) und phagozytotische weiße Blutzellen.
  - Freisetzung von Signalproteinen (Chemokinen) aus Endothelzellen der Blutgefäße lockt Phagozyten aus dem Blut ins verletzte Gewebe.
  - Makrophagen und/oder Giftstoffe der Krankheitserreger können **Fieber** auslösen ⇒ Steigerung der Lymphozytenproduktion und der Phagozytoserate, Beschleunigung von Reparaturprozessen, Hemmung des Wachstums mancher Mikroorganismen.

  Systemische Entzündungsreaktion **(Sepsis)** infolge schwerer bakterieller Infektion kann aufgrund erhöhter Gefäßdurchlässigkeit zu starkem Blutdruckabfall (septischer Schock) und zum Tod führen.
- **Phagozytotische weiße Blutzellen:** Befinden sich im Blutgefäß- und Lymphsystem, können diese Systeme verlassen und sich außerhalb amöboid fortbewegen. Vor allem neutrophile Granulozyten und Makrophagen nehmen durch Phagozytose Erreger und Zelltrümmer in sich auf ⇒ Vernichtung mithilfe lytischer Enzyme und reaktiver Sauerstoffformen (z. B. Sauerstoffradikale).
- **Komplementproteine:** System verschiedener, antimikrobieller Proteine im Blutplasma, das die Abwehrmechanismen ergänzt **(komplementiert)**. Binden direkt oder über Antikörper an die Oberfläche von Mikroorganismen und stimulieren so Phagozyten, diese markierten Zellen aufzunehmen, oder führen selbst zu deren Lyse ⇒ Bildung einer Membranpore, Anschwellen und Platzen der Zelle.

8 Spezifische Immunabwehr

Spezifische Immunabwehr: Erworbene, anpassungsfähige Immunität gegen unterschiedliche Krankheitserreger.

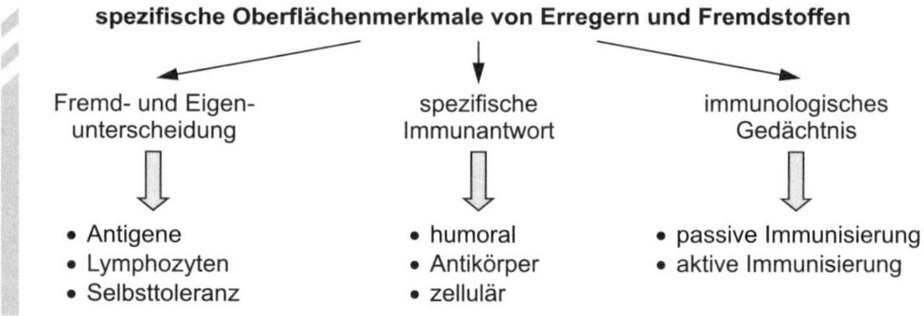

8.1 Fremd- und Eigenunterscheidung

Lymphozyten (Zellen der spezifischen Immunabwehr) müssen in der Lage sein, Erreger und Fremdstoffe von körpereigenen Zellen als körperfremd zu unterscheiden.

Spezifische Erkennung körperfremder Substanzen

- **Antigene:** Körperfremde Makromoleküle (oberflächengebundene Proteine, Polysaccharide, Glycoproteine, Giftstoffe), die eine spezifische Immunantwort auslösen.
- In Blut und Lymphflüssigkeit zirkulierende **B- und T-Lymphozyten** erkennen über spezifische **Antigenrezeptoren** Antigene von Erregern und Fremdstoffen. Durch genetische Rekombination **(prätranskriptionelle Prozessierung)** der für die Antigenrezeptoren codierenden Gene bei der Lymphozytenreifung existieren Millionen von Lymphozyten mit jeweils spezifischen Antigenrezeptoren.

Präsentation von Antigenen

- **MHC-Rezeptoren** (MHC = Major Histocompatibility Complex): Spezielle Glycoproteine der Zytoplasmamembran, die Antigene oder Antigenfragmente präsentieren.

- Alle kernhaltigen Zellen präsentieren intrazelluläre Antigene über MHC-I-Rezeptoren, an die T-Killerzellen binden können ⇒ Lyse der infizierten Zelle durch T-Killerzellen.
- Makrophagen und B-Lymphozyten präsentieren phagozytierte, extrazelluläre (körperfremde) Antigenfragmente über MHC-II-Rezeptoren für T-Helferzellen ⇒ Stimulation humoraler als auch zellulärer Immunantwort.

Selbsttoleranz

Lymphozyten, die durch Kontakt mit körpereigenen Antigenen eine Immunantwort auslösen könnten, werden vor allem bei der Reifung im Thymus (T-Lymphozyten) bzw. Knochenmark (B-Lymphozyten) durch Apoptose (programmierten Zelltod) zerstört **(klonale Deletion)**.

8.2 Zelluläre Immunantwort

Zerstörung infizierter oder durch Mutationen veränderter körpereigener Zellen mithilfe von T-Killerzellen.

Ablauf (siehe auch Abb. S. 43):

- Antigen wird von Makrophagen erkannt, phagozytiert, abgebaut und als Fragment auf Oberfläche präsentiert **(Erkennungsphase)**.
- Ruhende T-Helferzelle bindet mit für präsentiertes Antigen spezifischem T-Zell-Rezeptor an Antigenfragment ⇒ Anregung zur Proliferation und Differenzierung durch Botenstoff (Zytokin) zu aktiven T-Helferzellen und T-Helfer-Gedächtniszellen (klonale Selektion).
- Ruhende T-Killerzelle bindet über spezifischen T-Zell-Rezeptor an das von infizierten körpereigenen Zellen präsentierte Antigenfragment ⇒ Anregung zur Proliferation und Differenzierung (klonale Selektion) durch Botenstoff (Zytokin) der aktivierten T-Helferzelle **(Differenzierungsphase)**.
- So aktivierte T-Killerzellen lysieren infizierte Körperzellen **(Wirkphase)**, die von Fresszellen phagozytiert werden. Einige der T-Killerzellen bleiben als T-Killer-Gedächtniszellen erhalten.
- Regulatorische T-Zellen wirken hemmend auf die zellvermittelte Immunantwort **(Abschaltphase)**.

8.3 Humorale Immunantwort

Bekämpfung freier Erreger und Fremdstoffe im Blutplasma, in Lymph- und interstitieller Flüssigkeit mithilfe von Antikörpern.

Antikörper

- Von B-Lymphozyten produzierte globuläre Proteine **(Immunglobuline)** aus zwei identischen längeren („schweren") Ketten, die jeweils mit kurzer („leichter") Kette über Disulfidbrücken verbunden sind.
- **Konstante Regionen** der leichten und schweren Ketten bestimmen Immunglobulinklasse (IgG, IgM, IgD, IgA, IgE). **Variable Regionen** sind bei jedem Immunglobulin einer Klasse anders. Die räumliche Faltung dieser Region bildet Antigenbindestellen.

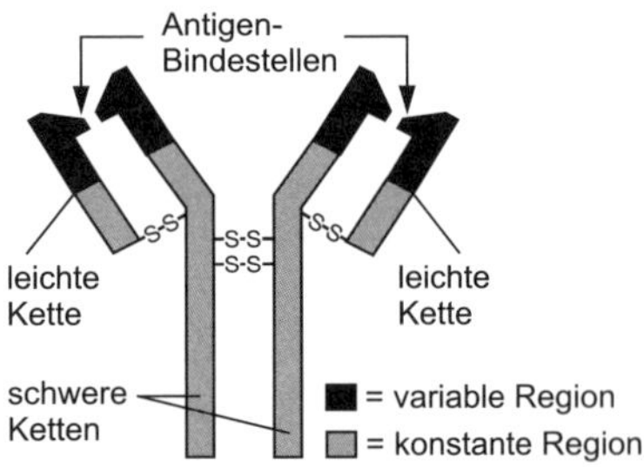

- Inaktivierung von Antigenen durch Bildung von **Antigen-Antikörper-Komplexen:**
  - Neutralisation: Blockade viraler Bindungsstellen, Bedeckung von Toxinen
  - Agglutination: Verklumpung von Bakterien oder Viren
  - Präzipitation: Ausfällung löslicher Antigene

  Antikörper binden in der Regel nicht das gesamte Antigen, sondern nur spezifische Molekülbereiche **(Epitope)** des Antigens.

Ablauf der humoralen Immunantwort

- Antigen wird über spezifischen Antigenrezeptor eines ruhenden B-Lymphozyten gebunden, phagozytiert, abgebaut und als Fragment an der Oberfläche präsentiert **(Erkennungsphase)**.
- Aktivierte T-Helferzelle (siehe zelluläre Immunantwort) erkennt über spezifischen T-Zell-Rezeptor präsentiertes Antigenfragment ⇒ Bindung, Ausschüttung von Botenstoff (Zytokin) ⇒ Proliferation dieses B-Lymphozyten (klonale Selektion).

Fortsetzung auf S. 44

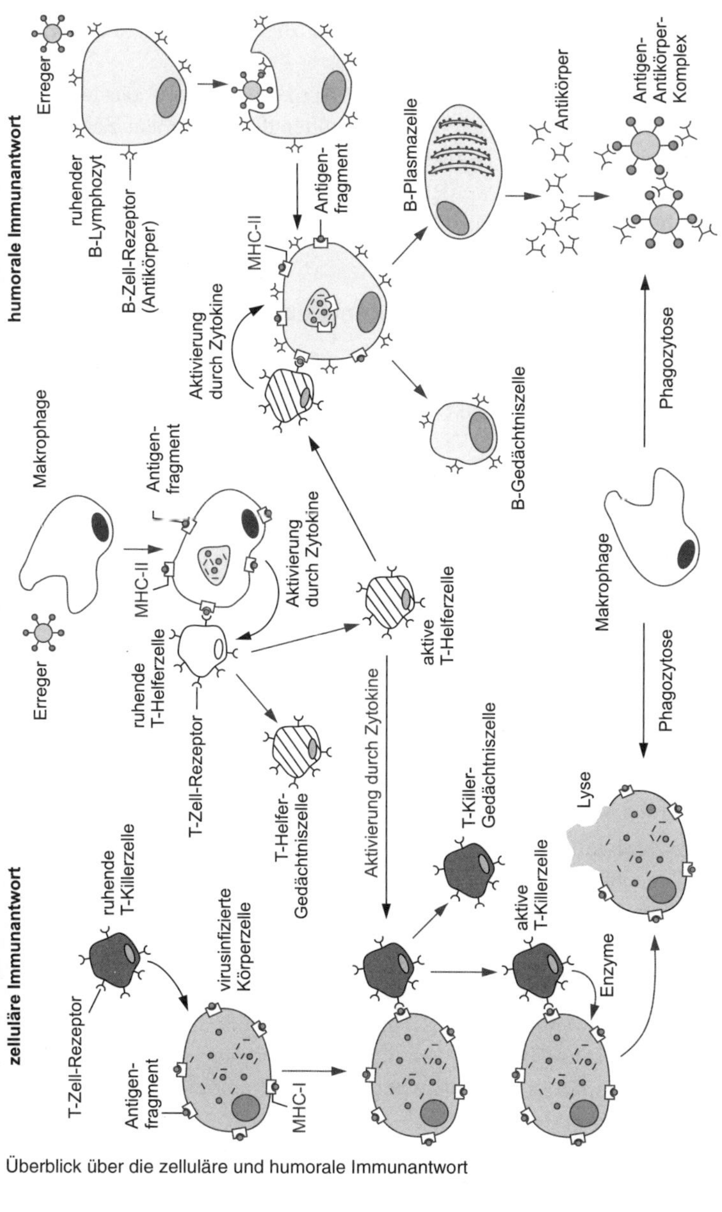

Überblick über die zelluläre und humorale Immunantwort

- Differenzierung der B-Lymphozyten zu B-Gedächtnis- und Plasmazellen **(Differenzierungsphase)**.
- Plasmazellen bilden spezifische Antikörper gegen das Antigen (= **Anti**körper **gen**erierend) und schütten diese in großer Zahl aus.
- Antikörper bilden Antigen-Antikörper-Komplexe, die von Fresszellen phagozytiert werden **(Wirkungsphase)**.
- **Abschaltphase** (siehe zelluläre Immunantwort).

8.4 Immunologisches Gedächtnis und Immunisierung

Fähigkeit des Immunsystems, mithilfe von Gedächtniszellen ein Antigen bei erneutem Kontakt wiederzuerkennen und eine schnelle Immunantwort auszulösen.

- Im Zuge der **primären Immunantwort** werden B- und T-Gedächtniszellen gebildet.
- Bei erneutem Kontakt mit dem gleichen Antigen können sich diese B- und T-Gedächtniszellen schnell vermehren und zu Plasma- und T-Killerzellen differenzieren **(sekundäre Immunantwort)**.

Aktive Immunisierung

Die Impfung toter oder abgeschwächter Erreger bzw. von deren Antigenen, die keine Krankheit mehr auslösen, führt zur Bildung von Gedächtniszellen $\Rightarrow$ Immunität gegen aktive Erreger bei einer späteren Infektion, kein Ausbrechen der Krankheit („**Schutzimpfung**“).

Gedächtniszellen teilen sich mit geringer Rate und halten so den Klon an Gedächtniszellen aufrecht, bleiben i. d. R. jedoch nicht lebenslang erhalten $\Rightarrow$ periodische Auffrischung der Impfungen notwendig.

Passive Immunisierung

Die Injektion antigenspezifischer Antikörper bei einer bereits ausgebrochenen Infektionskrankheit führt zur Bildung von Antigen-Antikörper-Komplexen und unterstützt so die humorale Immunantwort („**Heilimpfung**“).

Antigenspezifische Antikörper werden nach Infizierung eines Tieres mit entsprechendem Erreger aus dem Blutserum des Tieres gewonnen.

9 Störungen und Erkrankungen des Immunsystems

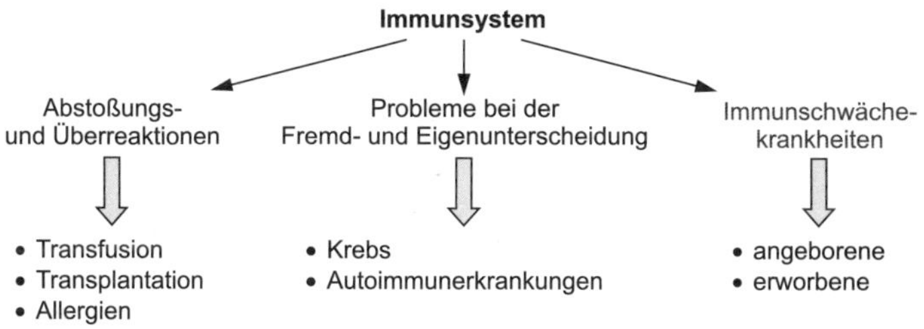

9.1 Transfusion und Transplantation

Bluttransfusion

Blutgruppen beruhen auf unterschiedlichen **(Glyco-)Proteinen** auf Erythrozyten, die als Antigene wirken. Bei einer Bluttransfusion sind mehrere Blutgruppensysteme zu berücksichtigen:

- **Das AB0-System:** Kommt es bei einer Bluttransfusion zum Kontakt zwischen Antigen und passenden Antikörpern, verklumpen **(agglutinieren)** Erythrozyten ⇒ mögliche lebensgefährliche Verstopfung der Kapillaren. ⇒ Bei Erythrozytenspende dürfen nur Erythrozyten der gleichen Blutgruppe verwendet und bei Blutplasma-Spende darf nur Blutplasma ohne Antikörper gegen die Blutgruppen-Antigene des Empfängers übertragen werden.

Blutgruppe	Antigen auf Erythrozyt	Antikörper im Blutplasma
A	A	gegen B
B	B	gegen A
AB	A und B	keine
0	keine	gegen A und B

- **Das Rhesus-System:** Antikörper gegen das Rhesus-Antigen werden erst bei einem Blutkontakt eines „Rhesus-negativen“ (rh^-) mit einem „Rhesus-positiven“ (Rh^+) Individuum gebildet. Nur die Gabe von rh^--Blut an einen Rh^+-Empfänger ist unproblematisch, nicht umgekehrt.

Gelangen bei der Geburt eines Rh^+-Kindes Erythrozyten in den Blutkreislauf einer rh^--Mutter, entstehen bei der folgenden Immunantwort auch Gedächtniszellen. Bei erneuter Schwangerschaft mit einem Rh^+-Kind können dann Anti-Rhesus-Antikörper gebildet werden und in den kindlichen Kreislauf gelangen, wo sie Blutzellen des Kindes binden und zerstören können **(Hämolyse)**.
Maßnahme: Passive Immunisierung der Mutter nach der ersten Schwangerschaft mit Anti-Rhesus-Antikörpern $\Rightarrow$ keine eigene Immunantwort auf die kindlichen Blutzellen.

Transplantation von Geweben und Organen

MHC-Proteine der fremden Zellmembran wirken als **(Gewebeverträglichkeits-)Antigene**, die eine zelluläre Immunantwort auslösen, in deren Folge die transplantierten Zellen durch T-Killerzellen zerstört werden **(Abstoßungsreaktion)**.

Maßnahmen:
- Transplantation von Geweben mit möglichst ähnlichem MHC-Protein-Muster und Verabreichung immunsuppressiver Medikamente.
- Transplantation autologer („körpereigener“) Gewebe, die z. B. mithilfe patientenspezifischer pluripotenter Stammzellen gezüchtet wurden.

9.2 Allergien

Überreaktion **(Hypersensibilität)** des Immunsystems auf ein an sich harmloses Antigen **(Allergen)**, das die Bildung von IgE-Antikörpern hervorruft. Diese binden mit konstanter Region an Rezeptoren auf Mastzellen **(Sensibilisierung)**. Bei Zweitkontakt mit gleichem Allergen bindet dieses an die IgE-Antikörper auf den Mastzellen $\Rightarrow$ starke Histamin-Freisetzung $\Rightarrow$ typische allergische Entzündungssymptome wie Erweiterung der Blutgefäße, Rötung, Schwellung. Schwere allergische Reaktion kann durch Blutdruckabfall infolge der Gefäßerweiterung zu Kreislaufversagen und Tod führen **(allergischer Schock)**.

Maßnahmen:

- Meiden von Allergenen.
- Blockade der Histaminrezeptoren durch Einnahme von Anti-Histaminika.
- Hyposensibilisierung: Injektion geringer, ansteigender Allergendosen kann die Bildung von IgG-Antikörpern durch B-Lymphozyten auslösen ⇒ bei abermaligem Allergenkontakt Bindung der IgG-Antikörper an das Allergen, bevor Bindung des Allergens an die IgE-Antikörper auf den Mastzellen erfolgt.

9.3 Krebs

Gewebewucherungen, die durch Fehlsteuerung des Zellzyklus entstehen. Ursache sind spontane oder induzierte **somatische Mutationen** von Genen, die den Zellzyklus oder die DNA-Reparatur steuern. Da sich Krebszellen durch ihre **(Tumor-)Antigene** von gesunden Zellen unterscheiden, erfolgt meist ihre Erkennung als körperfremd und ihre Vernichtung durch Zellen des Immunsystems. Erkennt das Immunsystem krankhaft veränderte Krebszellen nicht, sind sehr viele Zellen mutiert oder ist das Immunsystem geschwächt, können einzelne Krebszellen überleben und zu **Tumoren** (Krebsgeschwulsten) heranwachsen.

9.4 Autoimmunerkrankungen

Verlust der **immunologischen Selbsttoleranz**, d. h. der Fähigkeit des Immunsystems, zwischen körpereigenen und körperfremden Antigenen zu unterscheiden.

- **Folgen:** Das Immunsystem bildet Auto-Antikörper bzw. T-Killerzellen gegen Gewebsantigene des eigenen Körpers ⇒ schwere Entzündungen und Gewebezerstörungen.

- **Hypothesen über die Entstehung:**
  - Versagen der klonalen Deletion bei der Lymphozytenreifung.
  - Ähnlichkeiten im molekularen Aufbau körperfremder Antigene mit körpereigenen Antigenen (molekulare Mimikry).
- **Behandlung:** Nur symptomatisch möglich durch Entzündungshemmer und Immunsuppressiva.

Diabetes mellitus Typ I (Jugenddiabetes): Zerstörung der insulinbildenden Zellen der Bauchspeicheldrüse.
Multiple Sklerose: Zerstörung der Myelinscheiden von Nervenzellen.

9.5 Immunschwächekrankheiten

Defekte der humoralen und/oder zellulären Immunabwehr, die zu erhöhter Anfälligkeit und erschwertem Verlauf von Infektionen führen.

Die angeborene Immunschwächekrankheit ADA-SCID

Genetisch bedingter Mangel des Enzyms Adenosin-Desaminase **(ADA)**, der zur Anhäufung toxischer Stoffwechselprodukte in Lymphozyten führt und deren Proliferation stört. Durch den Lymphozytenmangel kommt es zu einem schweren kombinierten Immundefekt (Severe Combined Immunodeficiency = SCID).

Maßnahmen:
- Minimierung des Infektionsrisikos durch Isolation des Trägers in sterilen Plastikzelten.
- Allogene („körperfremde“) Blutstammzelltransplantation.
- Somatische Gentherapie.

Die erworbene Immunschwächekrankheit AIDS

- **AIDS** (Acquired Immunodeficiency Syndrom) wird durch die Infektion mit dem Retrovirus **HIV** (Humanes Immunschwäche-Virus) über Körperflüssigkeiten (Blut, Sperma, Vaginalsekrete, Muttermilch) hervorgerufen.

- Das Virus befällt v. a. **T-Helferzellen**, aber auch Makrophagen, die durch die Virenvermehrung selbst und durch aktivierte T-Killerzellen zerstört werden.
- **Vermehrung von HI-Viren:**
  - Bindung des Virus durch Oberflächenprotein (Glycoprotein) an Rezeptor der T-Helferzelle.
  - Verschmelzen von Virus- und Wirtszellmembranen und Einschleusen viraler RNA und der Virenenzyme.

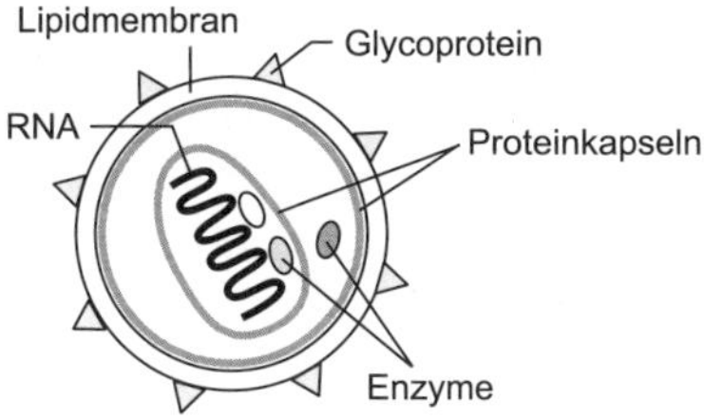

Schema des HI-Virus

  - Umkopieren der RNA auf DNA durch das Enzym reverse Transkriptase und Erstellung eines DNA-Doppelstrangs.
  - Integration der Viren-DNA ins Wirtszellengenom durch das Enzym Integrase.
  - Transkription der Viren-DNA als mRNA für Translation in virale Proteine sowie als Viren-RNA.
  - Zusammenfügen der Virenproteine, Bildung der Proteinkapsel um die Viren-RNA, Abschnüren eines neuen Virus.
- Nach oft mehrjähriger Latenzzeit kommt es zum Zusammenbruch des Immunsystems und infolgedessen zu **opportunistischen Infektionen** (Haut- und Lymphomtumore, Lungenentzündung).
- **Maßnahmen gegen eine Infektion:**
  - Infektionsschutz (Kondome, HIV-Test von Blutkonserven, sterile Nadeln).
  - Antivirale Medikamente (Bindungs-, reverse Transkriptase-, Integrase-, Protease-Inhibitoren).
  - Schutzimpfungen sind aufgrund der sich infolge von Mutationen ständig verändernden Antigene bisher nicht erfolgreich.

Einige Menschen sind aufgrund einer Mutation eines Rezeptorproteins, über das das HI-Virus in Leukozyten eindringt, resistent gegen HIV.

10 Immunologische Nachweisverfahren

Nutzung monoklonaler Antikörper zum Nachweis spezifischer Stoffe.

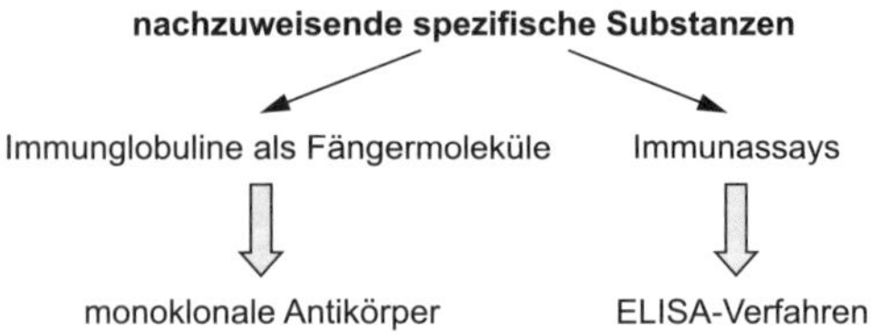

10.1 Monoklonale Antikörper

Antikörper, die nur von **einem** B-Zell-Klon stammen und sich spezifisch gegen ein (Epitop eines) Antigen(s) richten. Erzeugung des B-Zell-Klons durch Fusion einer spezifischen B-Zelle mit einer Tumorzelle ⇒ Entstehung eines **Hybridoms** (teilungsfähige Hybridzelle), das einen spezifischen Antikörper produziert. Auch die gentechnische Herstellung monoklonaler Antikörper ist möglich.

10.2 Immunassays

Verfahren, mit denen sehr geringe Konzentrationen von Proteinen, Viren, Hormonen oder Schadstoffen in Flüssigkeiten mithilfe monoklonaler Antikörper nachgewiesen werden können.

Schwangerschaftstests (Nachweis des schwangerschaftserhaltenden Hormons hCG im Urin), Influenza-Schnelltest (Nachweis von Grippeviren im Nasen-/Rachenabstrich), HIV-ELISA

Das ELISA-Verfahren

Enzymgekoppelter Immunadsorptionstest (**E**nzyme-**L**inked **I**mmunosorbent **A**ssay): Nachzuweisender Stoff wird über Fängermoleküle (z. B. Proteine, Antikörper), die auf einer Unterlage fixiert sind, gebunden und über einen enzymgekoppelten monoklonalen Antikörper anhand einer Farbreaktion identifiziert.

Vorgehensweise (Beispiel HIV-Test):

A Adsorption (Fixierung) eines bestimmten Proteins des HI-Virus an die Unterlage eines Testgefäßes.

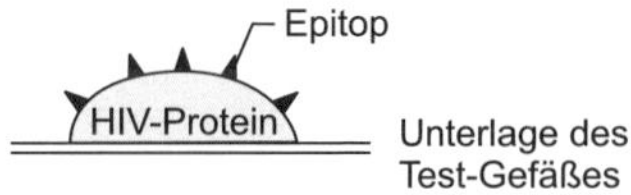

B Zugabe von Blutserum der zu testenden Person und Auswaschen. Weist das Blutserum Anti-HIV-Antikörper auf, können diese an ein Epitop des HIV-Proteins binden.

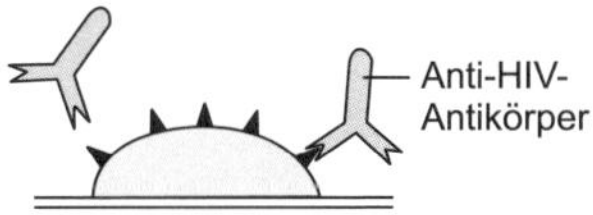

C Zugabe enzymbesetzter monoklonaler Antikörper, die sich spezifisch an Anti-HIV-Antikörper heften können. Auswaschen zur Vermeidung falsch positiver Testergebnisse.

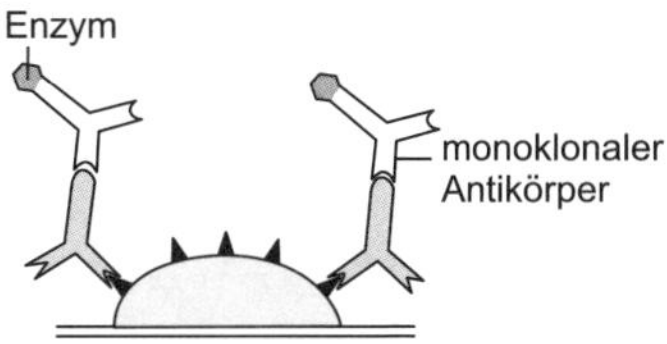

D Zugabe der Vorstufe eines Farbstoffs, die enzymatisch in einen sichtbaren Farbstoff umgewandelt wird, falls entsprechende Antikörper im Blutserum vorhanden waren (Testperson ist HIV-positiv).

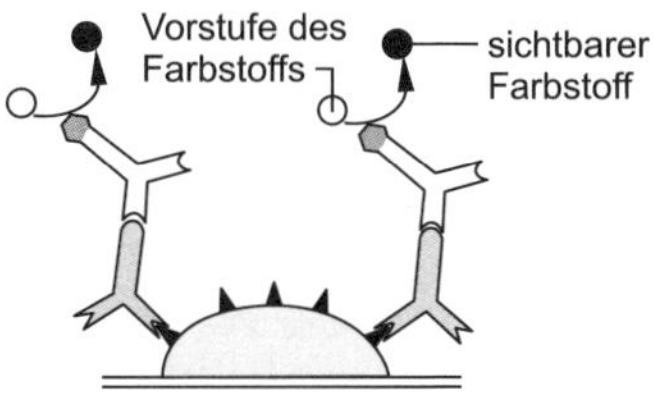

Neuronale Informationsverarbeitung

11 Elektrochemische Vorgänge in Nervenzellen

Nervenzellen (Neuronen) als Bausteine des Nervensystems

Nervenzellen sind spezialisierte Zellen	Spannung in nicht erregten Nervenzellen	Erregungsbildung in Nervenzellen	Fortleitung der Erregung im Axon
⇩	⇩	⇩	⇩
Bau der Nervenzellen	Ruhepotenzial	Aktionspotenzial	kontinuierliche und saltatorische Erregungsleitung

11.1 Bau und grundlegende Funktion einer Nervenzelle

Nervenzellen (Neuronen) empfangen elektrische Signale, verarbeiten sie, leiten sie als Erregung weiter **(Erregungsleitung)** und übertragen sie **(Erregungsübertragung)** auf andere Neurone und Erfolgsorgane.

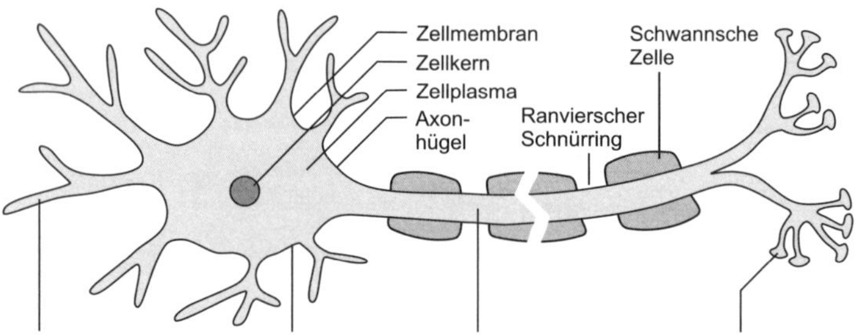

Dendrit
(0,2 – 0,3 mm lang)
⇒ Aufnahme der Erregung und Weiterleitung zum Soma

Zellkörper (Soma)
(∅ ca. 0,05 mm)
⇒ Verarbeitung der Erregung

Axon (Neurit)
(bis 1 m lang)
⇒ Weiterleitung der Erregung

Endknöpfchen
(synaptische Endigung)
⇒ Übertragung der Erregung auf andere Nervenzellen oder das Erfolgsorgan

Nervenfasern: Axone, die zur besseren elektrischen Isolation von **Schwannschen Zellen** (spezielle **Gliazellen**) schlauchartig umhüllt sind.

Zwei Typen nach Aufbau unterschieden:

- **Markhaltige** oder **myelinisierte Nervenfasern:** Nur bei Wirbeltieren; Ausstülpung der Zellmembran der Schwannschen Zelle (Länge: ca. 2 mm) wickelt sich viele Male um das Axon. Zytoplasma und Organellen der Zelle befinden sich in der äußeren Windung. Innere Windungen bestehen aus Lipiden und Proteinen (= Myelin) ⇒ **Mark-** oder **Myelin-Scheide**.
  Abstand zwischen den Schwannschen Zellen ca. 1 µm = **Ranvierscher Schnürring**.
- **Marklose** oder **nicht myelinisierte Nervenfasern:** Bei wirbellosen Tieren (z. B. Insekten); Schwannsche Zelle umgibt das Axon nur locker ⇒ keine Myelinscheide, keine Ranvierschen Schnürringe.

11.2 Ruhepotenzial

Im nicht erregten Zustand: Zytoplasma eines intakten Neurons ist gegenüber seiner Umgebung negativ aufgeladen. **Potenzialdifferenz (Spannung)** beträgt ca. **–70 mV**.

Voraussetzungen für die Entstehung des Ruhepotenzials

- **Charakteristische Verteilung von Ionen** innerhalb und außerhalb des Neurons: Für Kaliumionen (K^+), Natriumionen (Na^+) und Chloridionen (Cl^-) besteht ein Konzentrationsgefälle:

Innenraum des Neurons	extrazelluläre Flüssigkeit	Richtung des Konzentrationsgefälles
K^+	K^+	nach außen
Na^+	Na^+	nach innen
Cl^-	Cl^-	nach innen
A^-	—	
(A^- = Eiweißanionen)		

- **Selektive Permeabilität** der Membran einer Nervenzelle: Die verschiedenen Tunnelproteine (Ionenkanäle) der Membran lassen nur jeweils eine Sorte Ionen passieren **(erleichterte Diffusion)**.

Ionenkanäle	Zustand der Ionenporen	relative Permeabilität der Membran
K^+-Ionenkanäle	offen	hoch
Na^+-Ionenkanäle	fast alle geschlossen	sehr gering
Cl^--Ionenkanäle	weitgehend geschlossen	gering
A^--Ionenkanäle	nicht vorhanden	keine

Entstehung des Ruhepotenzials nach der Ionentheorie

- Das Konzentrationsgefälle und die sehr gute Permeabilität der Membran für K^+-Ionen führt zu einem **Kaliumionen-Ausstrom**.
- **Ladungstrennung:** An der Außenseite der Membran entsteht dadurch ein Überschuss an positiver Ladung, im Inneren der Nervenzelle ein Überschuss an negativer Ladung ⇒ Aufbau einer **Potenzialdifferenz** (**Ladungsdifferenz**, elektrische Spannung)
- Die Potenzialdifferenz wirkt dem Ausstrom der K^+-Ionen entgegen.

⇒ **Ruhepotenzial:** Gleichgewichtszustand zwischen der nach außen gerichteten **osmotischen Kraft zum Konzentrationsausgleich** und der nach innen gerichteten **elektromotorischen Kraft zum Ladungsausgleich**. Pro Zeiteinheit wandern genauso viele K^+-Ionen von innen nach außen wie umgekehrt **(Fließgleichgewicht)**.

Beeinflussung des Ruhepotenzials durch Cl^-- und Na^+-Ionen

- **Chloridionen** diffundieren ihrem Konzentrationsgefälle folgend in geringer Menge in die Nervenzelle ⇒ erhöhen die Potenzialdifferenz geringfügig.
- **Natriumionen** dringen in geringer Menge in die Nervenzelle ein und vermindern die Potenzialdifferenz (Na^+-Leckstrom) ⇒ ohne Gegenmaßnahmen gesteigerter Kaliumionen-Ausstrom (K^+-Leckstrom) ⇒ Zusammenbrechen des Ruhepotenzials.
  Gegenmaßnahme: Kompensation der Leckströme durch die **Natri-**

um-Kalium-Ionenpumpe: Transport der Natriumionen nach außen und der Kaliumionen nach innen erfolgt durch spezielle Membranporen (Carrierproteine) entgegen dem jeweiligen Konzentrationsgefälle unter Verbrauch von Stoffwechselenergie.

Zweck des Ruhepotenzials

In einer Potenzialdifferenz steckt Energie, die zur Informationsübertragung (Erregungsbildung und -weiterleitung) genutzt werden kann.

11.3 Aktionspotenzial (AP)

Ein Aktionspotenzial ist die plötzliche Änderung des Ruhepotenzials, sodass die Membraninnenseite des Axons kurzfristig positiv gegenüber der Außenseite geladen ist (Ladungsumkehr).
Zweck: Weiterleitung von Erregung.

Zeitlicher Verlauf eines Aktionspotenzials

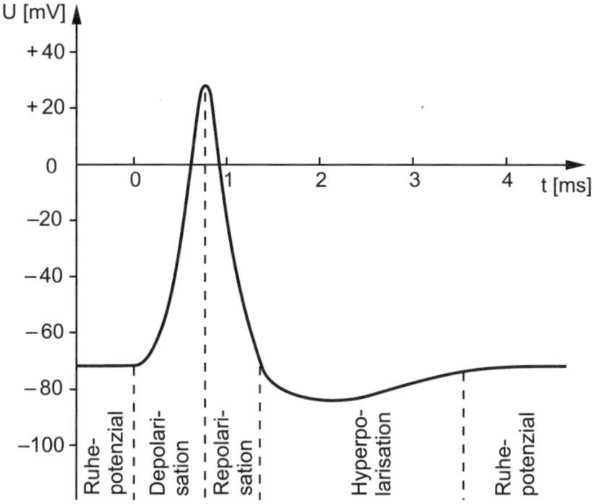

- Eine Ladungsverschiebung (durch einen äußeren Reiz oder ein anderes AP) führt zu einer Abnahme der Potenzialdifferenz am Axon = **Depolarisation** (Ruhepotenzial wird „positiver".)

- Überschreitet die Depolarisation einen Schwellenwert von ca. –50 mV, so kommt es stets zu einem gleich ablaufenden AP (**Alles-oder-nichts-Prinzip**).

Entstehung eines Aktionspotenzials nach der Ionentheorie

- **Depolarisation:** Potenzialänderung ⇒ Öffnung spannungsabhängiger Na^+-Ionenkanäle ⇒ Permeabilität der Membran für Na^+-Ionen steigt.
  Na^+-Einstrom erhöht die Na^+-Permeabilität weiter (positive Rückkopplung) ⇒ Überschreiten der Auslöseschwelle ⇒ Umpolung des Membranpotenzials auf +30 mV.
- **Repolarisation:** Zeitlich verzögerte Öffnung spannungsabhängiger K^+-Ionenkanäle ⇒ Permeabilität der Membran für K^+-Ionen steigt ⇒ K^+-Ionen strömen aus.
  Gleichzeitig: Na^+-Permeabilität sinkt.
  ⇒ Membranpotenzial erreicht wieder negative Werte.
- **Hyperpolarisation:** K^+-Permeabilität geht nur langsam auf Normalwert zurück ⇒ K^+-Ausstrom ist so groß, dass das Membranpotenzial unter das Ruhepotenzial absinkt.
- **Rückkehr zum Ruhepotenzial:** In das Axon eingedrungene Na^+-Ionen werden von Natrium-Kalium-Ionenpumpen gegen K^+-Ionen ausgetauscht.
- **Refraktärzeit:** 1–2 ms nach einem AP kann kein neues AP ausgelöst werden, da die Na^+-Ionenkanäle sich noch in einem inaktiven Zustand befinden (**absolute Refraktärzeit**).

11.4 Erregungsleitung im Axon

APs entstehen am Axonhügel und wandern nur **in eine Richtung** (zu den Endknöpfchen hin), da die Membran im Bereich eines gerade abgelaufenen APs nicht erregbar ist (Refraktärphase).

Kontinuierliche Erregungsleitung in marklosen Nervenfasern

- Membranbereich, an dem sich AP gebildet hat, ist gegenüber benachbarten Bereichen gegensätzlich geladen.
- Einstrom positiv geladener Ionen bewirkt auf Membraninnenseite wegen Ladungsunterschied zu benachbarten Membranbereichen Entstehung von **Ausgleichsströmchen** $\Rightarrow$ dort Depolarisation $\Rightarrow$ bei Überschreitung des Schwellenwerts in nicht refraktärem Membranbereich Auslösen eines neuen APs.
- Durch diesen regenerierenden Effekt keine Abschwächung der Weiterleitung der Erregung (**Weiterleitung mit ständiger Wiederverstärkung**).

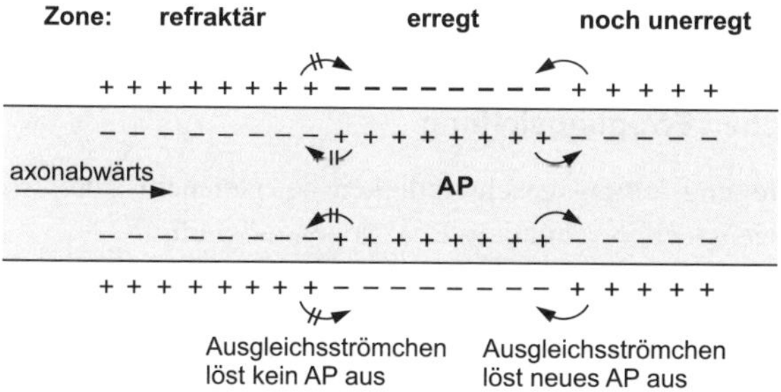

Saltatorische Erregungsleitung in markhaltigen Nervenfasern

- APs können sich nur an den Ranvierschen Schnürringen aufbauen, da sich nur dort spannungsgesteuerte Na^+-Ionenkanäle befinden und ein direkter Kontakt zwischen der Membran des Axons und der extrazellulären Flüssigkeit besteht. Die Abschnitte dazwischen sind durch die Myelinisierung elektrisch isoliert.
- Positiver Ladungsüberschuss auf der Innenseite der Membran an einem Schnürring durch AP $\Rightarrow$ **elektrotonische Ausbreitung der Depolarisation** im Axoplasma über den myelinisierten Bereich bis zum nächsten Schnürring $\Rightarrow$ dort bei Überschreiten des Schwellenpotenzials Auslösen eines neuen APs.
- APs „springen" somit von einem Ranvierschen Schnürring zum nächsten.

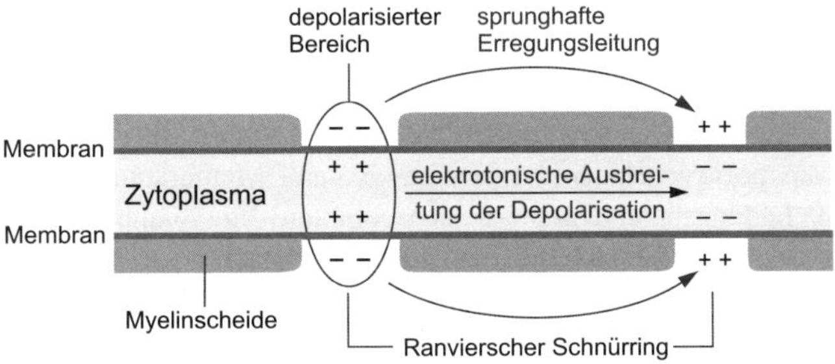

Tetrodotoxin, das Gift des Kugelfisches, blockiert spannungsabhängige Na^+-Ionenkanäle am Axon und verhindert so Entstehung von APs und Erregungsfortleitung ⇒ Tod durch (schlaffe) Atemlähmung.

Vorteile der saltatorischen Erregungsleitung gegenüber der kontinuierlichen Erregungsleitung

- Höhere Erregungsleitungsgeschwindigkeit bei gleichem Durchmesser der Nervenfaser ⇒ schnellere Reaktionen möglich.
- Geringerer Durchmesser der Nervenfaser bei gleicher Leitungsgeschwindigkeit ⇒ Material- und Raumersparnis.
- Aktiver Ionentransport durch die Natrium-Kalium-Ionenpumpen muss nur an den Schnürringen stattfinden ⇒ geringerer Energieverbrauch.

12 Erregungsübertragung an einer chemischen Synapse

Synapse: Kontaktstelle zwischen Nervenzellen bzw. zwischen Nervenzelle und Effektor/Erfolgsorgan (Muskel- oder Drüsenzellen).

Synapse

- Erregungsübertragung durch chemische Stoffe (Transmitter) ⇩ Bau und Funktion einer Synapse
- nachgeschaltete Zelle wird erregt oder gehemmt ⇩ erregende und hemmende Synapsen ⇒ Verrechnung im Nervensystem
- Fremdstoffe können Erregungsübertragung beeinflussen ⇩ Synapsengifte

12.1 Bau und Funktion einer neuromuskulären Synapse

Kontaktstelle Neuron – Muskelzelle = **neuromuskuläre Synapse**

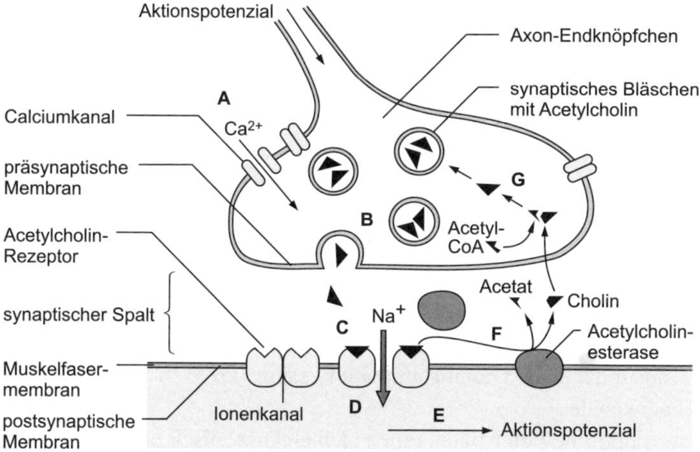

A Öffnung von spannungsabhängigen Ca^{2+}-Ionenkanälen durch im Endknöpfchen der Nervenzelle ankommendes Aktionspotenzial (AP) ⇒ Einstrom von **Calciumionen**.
B Verschmelzen von synaptischen Bläschen mit präsynaptischer Membran ⇒ Ausschüttung des **Transmitters** Acetylcholin.
C Diffusion der Transmittermoleküle durch synaptischen Spalt ⇒ Bindung an die **Rezeptoren** der postsynaptischen Membran der Muskelfaser.
D Öffnung von ligandengesteuerten Na^{+}-Ionenkanälen ⇒ Einstrom von Na^{+}-Ionen ⇒ schwache Depolarisation der Membran = **postsynaptisches Potenzial (PSP)**.
E Ausbreitung des PSPs über die Muskelfasermembran ⇒ bei Überschreitung des Schwellenwerts Auslösung eines **APs**.
F Spaltung des Transmitters durch Enzym **Acetylcholinesterase** in Cholin und Acetat.
G Aufnahme von Cholin ins Endknöpfchen und Resynthese mit Acetyl-CoA zu Acetylcholin; Aufnahme und Speicherung in synaptischen Bläschen.

12.2 Erregende und hemmende Synapsen zwischen Neuronen

Bei jedem Neuron befinden sich an den Dendriten und am Zellkörper zahlreiche Synapsen mit Endknöpfchen anderer Nervenzellen.
Synapse zwischen Nervenzellen = **zentrale/interneurale Synapse**
Nach ihrer Wirkung werden zwei Typen unterschieden:

- **Erregende Synapsen** erzeugen **erregendes postsynaptisches Potenzial (EPSP)** in postsynaptischer Nervenzelle ⇒ Depolarisation.
  Transmitter z. B. Acetylcholin, Noradrenalin, Dopamin.
- **Hemmende Synapsen** erzeugen **inhibitorisches postsynaptisches Potenzial (IPSP)** in postsynaptischer Nervenzelle ⇒ Hyperpolarisation.
  Transmitter z. B. Gammaaminobuttersäure (GABA) ⇒ öffnet Cl^{-}-Ionenkanäle.

Postsynaptische Potenziale breiten sich elektrotonisch unter Abschwächung über die Zellkörpermembran bis zum Axonhügel aus und werden dort verrechnet ⇒ bei ausreichender Stärke des resultierenden Potenzials kommt es zur Auslösung eines APs im Axon.

Zeitliche Summation

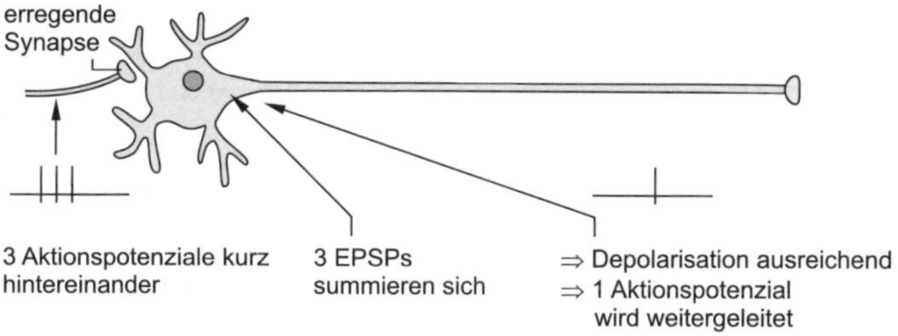

Räumliche Summation

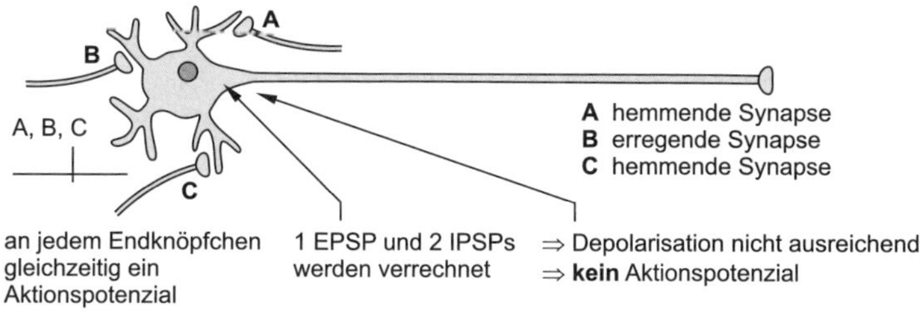

12.3 Wirkung von Giften und Drogen an Synapsen

Bezeichnung	Angriffspunkt in Synapse	Wirkung auf Nervensystem	Folgen für Körper
Curare	konkurriert mit Acetylcholin um die Bindung an den Rezeptoren ⇒ keine Öffnung von Ionenkanälen	Erregungsübertragung unterbleibt	Lähmungen der Skelettmuskulatur, Tod durch schlaffe Atemlähmung
Botulinusgift (Botox)	blockiert die Transmitterfreisetzung aus den synaptischen Bläschen	Erregungsübertragung unterbleibt	Lähmungen der Muskulatur, Tod durch schlaffe Atemlähmung

Bezeichnung	**Angriffspunkt in Synapse**	**Wirkung auf Nervensystem**	**Folgen für Körper**
Alkylphosphate (Insektizide, Tabun, Sarin)	hemmen das Enzym Acetylcholinesterase ⇒ die Spaltung des Transmitters unterbleibt ⇒ die Ionenkanäle werden wiederholt geöffnet	Erregungsübertragung verstärkt (Dauerdepolarisation)	starke Verkrampfung der Muskulatur, Tod durch starre Atemlähmung
Nicotin (Tabak), Muscarin (Fliegenpilz)	wirken wie Acetylcholin, werden aber von der Acetylcholinesterase nicht abgebaut	Erregungsübertragung verstärkt	Magen-Darm-Krämpfe, starre Atemlähmung
Kokain	erhöht die Freisetzung des Transmitters Dopamin und hemmt den Rücktransport des Dopamins in die Endknöpfchen	Aktivierung des Belohnungssystems des Gehirns ⇒ verstärkt Wohlbefinden, beseitigt Ermüdung	bei längerem Gebrauch: Wahnvorstellungen, Depressionen, irreparable Zerstörung des Nervensystems
Opiate (Heroin, Morphin)	besetzen Rezeptoren für körpereigene Endorphine in Synapsen der schmerzleitenden Bahnen von Gehirn und Rückenmark (hemmende Synapsen)	Unterdrückung der Weiterleitung von Schmerzsignalen wird verstärkt ⇒ Euphorie	bei Dauergebrauch: Schädigung von Herz und inneren Organen infolge Dosissteigerung

Atropin, das Gift der Tollkirsche, wird als Gegengift bei Vergiftung mit Neurotoxinen wie Tabun oder Sarin eingesetzt ⇒ kompetitiver Hemmstoff von Acetylcholin.

13 Signaltransduktion an Sinneszellen

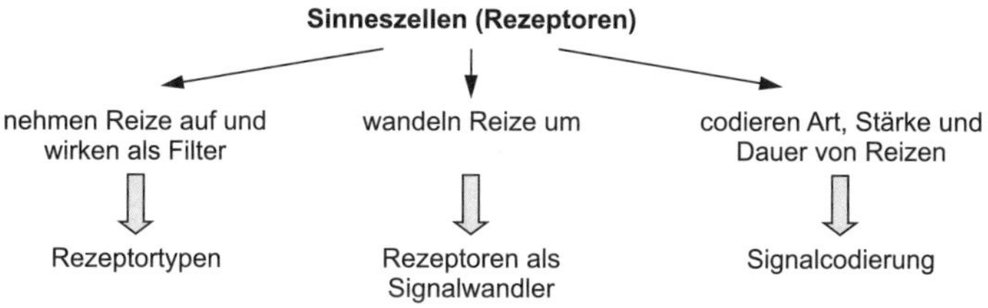

13.1 Rezeptoren als Filter und Wandler von Umweltreizen

- Ausstattung mit Sinneszellen bestimmt, welche Reize aus dem Gesamtspektrum der Umweltreize wahrgenommen werden **(Filterfunktion)**.
- Sinneszellen reagieren optimal auf **adäquate Reize** (= Reizart, für die der Rezeptor die höchste Empfindlichkeit besitzt).
- Physikalische oder chemische Reize werden von Sinneszellen **(Rezeptoren)** in elektrische Erregung überführt **(Reiztransduktion):**
  - In Membranen eingelagerte **Rezeptorproteine** werden dabei von einer bestimmten Reizart (mechanische Verformung, chemische Verbindung, Licht, Kälte oder Wärme) aktiviert.
  - Aktivierung der Rezeptorproteine hat Öffnung oder Schließung von Ionenkanälen in der Rezeptormembran zur Folge.
  - Resultierende Veränderung des Membranpotenzials **(Rezeptorpotenzials)** bewirkt unmittelbar **(primäre Sinneszellen)** oder über synaptische Transmitterausschüttung auf ein nachgeschaltetes Neuron **(sekundäre Sinneszellen)** elektrische Erregung in Form von APs.

Mechano- und Thermorezeptoren

- Reiz führt direkt zu einer Veränderung von Ionenkanälen.
- **Beispiele:** Muskelspindeln, Tast- und Hörsinneszellen; Kalt- und Warmrezeptoren.

Haarsinneszellen im Innenohr tragen mehrere dünne Stereovilli, die über feine Filamente miteinander verbunden sind. Bei mechanischer Auslenkung in bestimmte Richtung werden die Filamente entweder angespannt oder entspannt ⇒ Öffnung bzw. Schließen eines mit dem Filament verbundenen Ionenkanals eines benachbarten Stereovillus ⇒ De- bzw. Hyperpolarisation der Plasmamembran der Haarsinneszelle.

Chemo- und Photorezeptoren

- Reiz führt über die Aktivierung eines **second messengers** zu einer Veränderung von Ionenkanälen.
- **Beispiele:** Olfaktorische und gustatorische Sinneszellen; Stäbchen und Zapfen.

In den **Stäbchen** der Netzhaut ist bei **Dunkelheit** der second messenger cGMP an Na^+-Ionenkanäle in der Zytoplasmamembran gebunden, hält diese offen und bewirkt so depolarisierenden Na^+-Ioneneinstrom (Dunkelstrom). Bei **Lichteinwirkung** Aktivierung des in den Diskmembranen eingelagerten Rhodopsins ⇒ Kaskade chemischer Reaktionen ⇒ Spaltung von cGMP in GMP ⇒ Abbau von cGMP-Molekülen führt zum Schließen der Na^+-Ionenkanäle ⇒ Hyperpolarisation der Zelle.

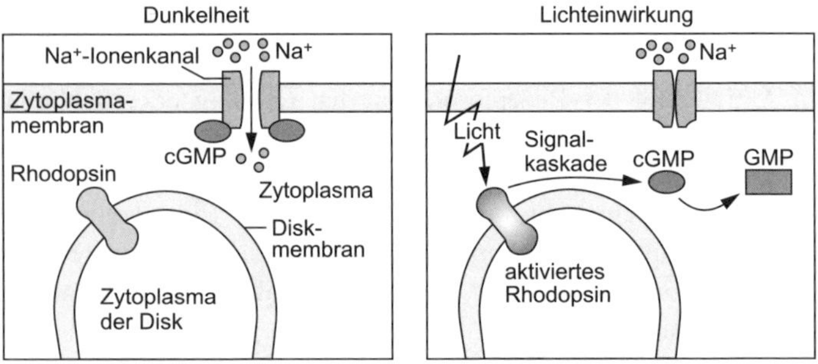

13.2 Signalcodierung

Die Codierung der aufgenommenen Reize erfolgt über Aktionspotenziale (APs).

- Die **Art des Reizes** wird über die entsprechenden Zielfelder, in denen die Erregung über bestimmte Nervenbahnen im Gehirn eintrifft, codiert (z. B. deutet das Gehirn Erregungen, die über den Sehnerv in der Sehrinde eintreffen, als Licht).
- Die **Reizstärke** wird gemäß der Höhe des Rezeptorpotenzials (Amplitudenmodulation) über die Frequenz der APs am Axon (Frequenzmodulation) codiert (d. h., je stärker der Reiz, desto höher das Rezeptorpotenzial, desto höher die AP-Frequenz und umgekehrt).

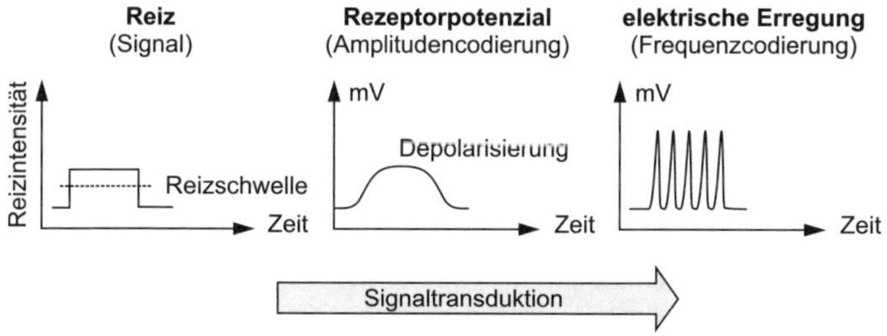

- Die **Reizdauer** wird bei tonischen Sinneszellen exakt als Zeitraum, in dem APs erzeugt werden, codiert. Bei phasischen Sinneszellen kommt es zur Adaptation an eine Dauerreizung (z. B. nach einiger Zeit keine Wahrnehmung der Kleidungsstücke auf der Haut).

14 Informationsverarbeitung im ZNS

Im **Zentralnervensystem (ZNS)** werden Informationen verarbeitet, gespeichert, wieder abgerufen und an Erfolgsorgane übermittelt.

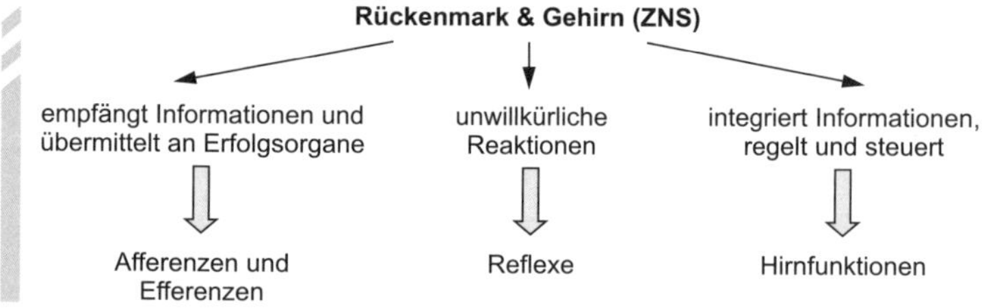

14.1 Informationsverarbeitung im Rückenmark

Im Rückenmark steigen sensorische **(afferente)** Fasern von den Sinneszellen zum Gehirn auf und motorische **(efferente)** Fasern vom Gehirn zu den Erfolgsorganen ab. Gleichzeitig ist das Rückenmark **Reflexzentrum** mit vom Gehirn unabhängigen Steuerungsaufgaben.

Bau des Rückenmarks

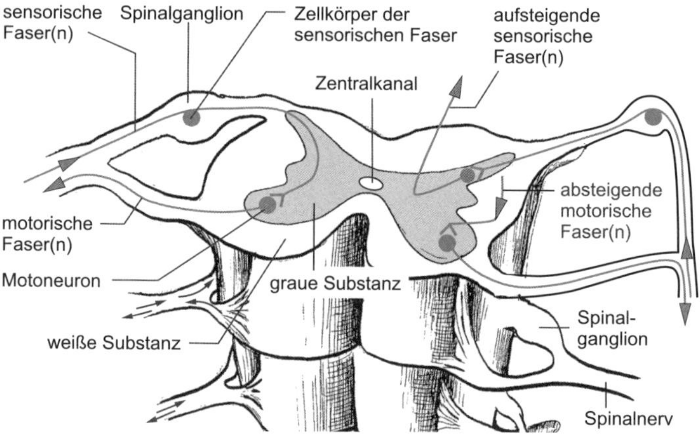

Querschnitt durch das Rückenmark

Die zentrale **graue Substanz** (Zellkörper der motorischen Fasern) ist von einer **weißen Substanz** (myelinisierte Axone der zum Gehirn auf- und absteigenden Bahnen) umgeben. Verschaltung und Verrechnung erfolgen in der grauen, Erregungsleitung in der weißen Substanz.

Reflexe

- **Definition:** Unwillkürliche, sehr schnelle und immer gleiche Reaktionen auf einen bestimmten Reiz.
- **Beispiele für Aufgaben:** Stabilisierung der Körperhaltung (z. B. Kniesehnenreflex), Schutz des Körpers vor Verletzungen (z. B. Husten, Lidschlussreflex).
- **Reflexbogen:** Neuronale Verbindung von Sinneszelle (Rezeptor) und Erfolgsorgan (Effektor) über eine Verschaltung im Rückenmark.

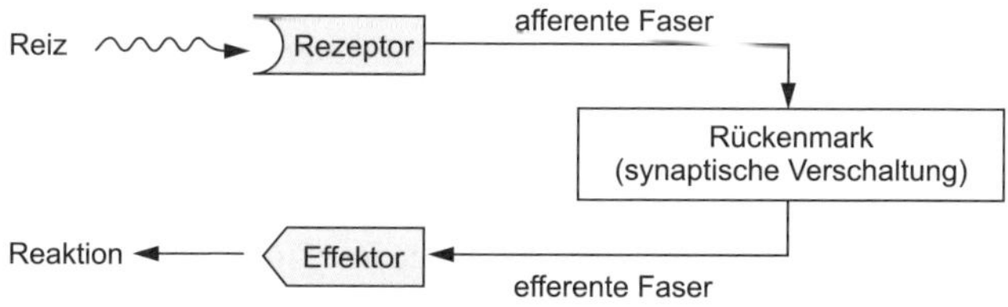

  - **Monosynaptische Eigenreflexe:** Reflexe, bei denen die reizaufnehmenden Sinneszellen in demselben Organ liegen, das die Reaktion ausführt, und die nur über eine Synapse verschaltet sind.

    Beim Stolpern kommt es zu einer Erregung von Dehnungsrezeptoren (Muskelspindeln) in der Streckmuskulatur des Oberschenkels. Über eine Synapse wird diese sensorische Erregung im Rückenmark auf Motoneurone übertragen ⇒ Kontraktion des Streckermuskels und damit Vorschwingen des Unterschenkels als Ausgleichsbewegung **(Kniesehnenreflex)**.

  - **Polysynaptische Fremdreflexe:** Reflexe, bei denen die reizaufnehmenden Sinneszellen sich nicht im Erfolgsorgan befinden und bei denen der Reflexbogen mehrere Synapsen umfasst.

    Bei Berührung eines heißen oder spitzen Gegenstands wird die Hand bzw. der Fuß durch Beugung des Arms bzw. des Beins rasch aus der Gefahrenzone entfernt **(Rückziehreflexe)**.

14.2 Informationsverarbeitung im Gehirn

Im Gehirn werden alle Informationen aus dem Körper und der Umwelt integriert, ggf. mit Gedächtnisinhalten assoziiert und komplexe Körperfunktionen koordiniert.

Aufbau und Funktion des Gehirns

- **Großhirn:**
  - Sensorische Rindenfelder erhalten und verarbeiten Informationen aus den Sinnesorganen.
  - Motorische Rindenfelder steuern willkürlich die Skelettmuskulatur.
  - Höhere kognitive Fähigkeiten (Lernen, Planen, Gedächtnis, Bewusstsein).
- **Zwischenhirn:**
  - **Thalamus:** Umschaltstelle für Nervenbahnen, die von den Sinnesorganen zum Großhirn und vom Großhirn zu den Muskeln ziehen.
  - **Hypothalamus:** Steuerzentrum des vegetativen Nervensystems und des Hormonsystems. Hält ein konstantes inneres Milieu (Körpertemperatur, Wasser- und Ionenhaushalt) aufrecht (Homöostase) und steuert Hunger, Durst und Sexualtrieb.
- **Mittelhirn:** Verschaltung und emotionale Einfärbung von Afferenzen aus den Sinnesorganen. Steuerung der Bewusstseinslage (Aufmerksamkeit) sowie des Schlaf-Wach-Rhythmus.
- **Kleinhirn:** Koordination der von den motorischen Rindenfeldern des Großhirns initiierten Bewegungen und der Körperhaltung.
- **Nachhirn:** Regelzentrum für Atmung, Herzschlag und Blutdruck. Zentrale für lebenswichtige Reflexe wie Schlucken, Husten und Erbrechen.

Das Nachhirn bildet zusammen mit dem Mittelhirn und der Brücke die evolutiv alte Struktur des Hirnstamms.

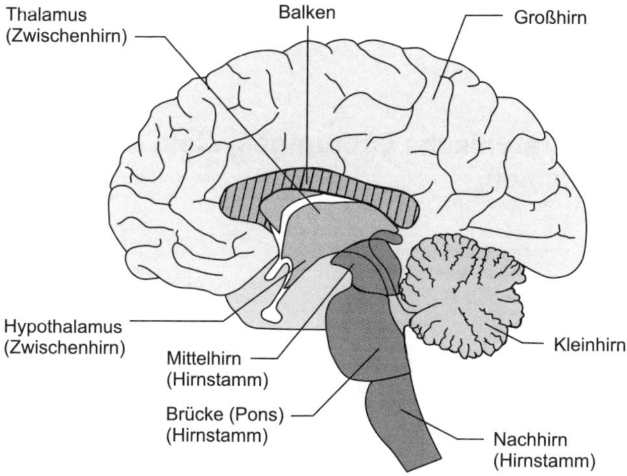

Verarbeitung visueller Informationen

Das in der Netzhaut entstandene Erregungsmuster wird im Sehzentrum der Großhirnrinde verarbeitet:

- Die Axone des Sehnervs werden im Thalamus nach einer teilweisen Überkreuzung (Chiasma opticum) auf Nervenzellen verschaltet, die das Erregungsmuster in das **Projektionsfeld** des Sehens der Großhirnrinde leiten.
- Entstehung einer neuronalen Rekonstruktion des auf die Netzhaut gefallenen Bildes.
- Erkennung des Bildes erst durch den Vergleich mit gespeicherten Bildern im **Assoziationsfeld** des Sehens der Großhirnrinde. Durch Abgleich der jeweils leicht verschiedenen Einzelbilder der beiden Augen entsteht der räumliche Seheindruck (je näher ein Objekt ist, desto stärker unterscheiden sich die Bilder auf dem gelben Fleck der beiden Augen).

Evolution

15 Das hierarchische Ordnungssystem der Organismen

systematische Ordnung der Organismenvielfalt

systematische Kategorien → der Artbegriff

stammesgeschichtliche Systematik → ursprüngliche und abgeleitete Merkmale

15.1 Systematische Kategorien

Ausgehend von der kleinsten systematischen Einheit, der **Art** (= alle Individuen, die miteinander fruchtbare Nachkommen zeugen können), sind die Organismen im **natürlichen System** entsprechend ihrer stammesgeschichtlichen Verwandtschaft in hierarchisch geordnete Gruppen eingeteilt:

Reich (z. B. Metazoa – vielzellige Tiere)
- **Stamm** (z. B. Chordata – Chordatiere)
  - **Unterstamm** (z. B. Vertebrata – Wirbeltiere)
    - **Klasse** (z. B. Mammalia – Säugetiere)
      - **Ordnung** (z. B. Carnivora – Raubtiere)
        - **Familie** (z. B. Felidae – Katzen)
          - **Gattung** (z. B. Panthera – Pantherartige)
            - **Art** (z. B. *Panthera leo* – Löwe)

15.2 Stammesgeschichtliche (phylogenetische) Systematik

Verfahren, die Organismenvielfalt nach dem **Grad ihrer Verwandtschaft** zu ordnen und in evolutionären Stammbäumen, sogenannten **Kladogrammen**, darzustellen.

Abgeleitete (apomorphe) Merkmale zur Klassifizierung:

- Zur Rekonstruktion stammesgeschichtlicher Verwandtschaftsbeziehungen werden Gruppen **(Taxa)** gebildet, deren Mitglieder einen gemeinsamen Vorfahren hatten ⇒ **monophyletische Gruppe, Klade**.
- Mitglieder (inkl. des gemeinsamen Vorfahren) derartiger Gruppen sind durch gemeinsame abgeleitete Merkmale **(Synapomorphien)** gekennzeichnet.
- Merkmale, die bei dem gemeinsamen Vorfahren bereits vorhanden waren und auch bei anderen Gruppen zu finden sind, sind ursprüngliche **(plesiomorphe)** Merkmale und können nicht zur Bildung von Verwandtschaftsgruppen herangezogen werden.
  ⇒ Ob ein Merkmal als ursprünglich oder abgeleitet gilt, hängt vom **Bezugspunkt innerhalb des Stammbaums** (Kladogramm) ab.

Der Besitz von Federn ist bei der Betrachtung einer Gruppe innerhalb der Vögel ein ursprüngliches Merkmal, beim Vergleich mit anderen Wirbeltiergruppen aber ein abgeleitetes Merkmal.

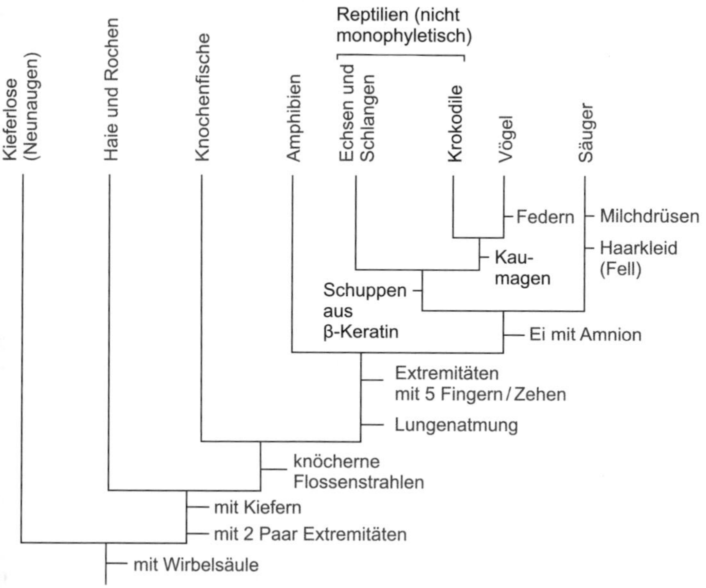

Kladogramm der Wirbeltiere

16 Belege für die Evolution

Die **Evolution** der Arten, d. h. ihre Entstehung und ihr Wandel, lässt sich belegen.

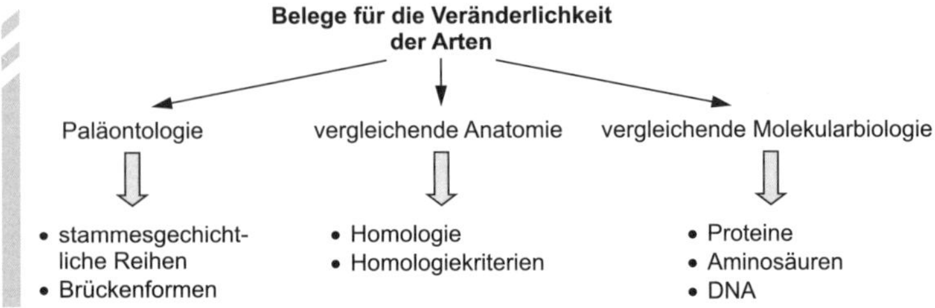

16.1 Belege aus der Paläontologie

Die Paläontologie beschäftigt sich anhand von **Fossilien** mit (oft versteinerten) Lebewesen vergangener Erdzeitalter. Fossilien unterscheiden sich umso stärker von **rezenten** (heute lebenden) Arten, je älter sie sind, und belegen so die Veränderlichkeit der Arten.

Stammesgeschichtliche Reihen

Manche Fossilfunde lassen sich in Reihen anordnen, die die stammesgeschichtliche Entwicklung einer Gruppe anhand **schrittweiser Merkmalsveränderungen** aufzeigen. Innerhalb von **Progressionsreihen** werden die betrachteten Merkmale immer komplizierter, innerhalb von **Regressionsreihen** bilden sich Merkmale zurück.

Im Pferdestammbaum gibt es Progressionsreihen (zunehmende Körpergröße, Vergrößerung der Backenzähne, Zunahme der Schmelzkanten) und Regressionsreihen (Verringerung der Finger- und Zehenzahl).

Brückenformen (Mosaikformen)

Mosaikformen bezeichnen Organismen, die sowohl Merkmale stammesgeschichtlich älterer als auch Merkmale stammesgeschichtlich jüngerer Gruppen aufweisen. Sie stellen ein Bindeglied **(Brückenform)** zwischen zwei Verwandtschaftsgruppen dar.

- Ichthyostega als Brückenform zwischen Fischen und Amphibien: fischartiger Schädelbau / fünfstrahlige Extremitäten
- Archaeopteryx als Brückenform zwischen Reptilien und Vögeln: Kiefer mit Zähnen / Federn

16.2 Belege aus der vergleichenden Anatomie

Homologie („Abstammungsähnlichkeit")

Organe bzw. Merkmale, die auf einen gemeinsamen Grundbauplan zurückgehen, bezeichnet man als **homolog**. Homologien werden als Hinweise auf stammesgeschichtliche Verwandtschaft (gemeinsame Erbinformationen) gedeutet. Als Folge von Anpassungsvorgängen an sich ändernde Umweltbedingungen müssen homologe Organe in Form und Funktion nicht übereinstimmen.

⇒ Homologe Organe sind **ursprungsgleich**, aber **häufig nicht funktionsgleich**.

- Zur Überprüfung einer vermuteten Homologie werden drei **Homologiekriterien** herangezogen:
  - **Kriterium der Lage:** Organe und Strukturen sind homolog, wenn sie in einem vergleichbaren Gefügesystem die gleiche Lage einnehmen.

    Das Skelett der Extremitäten von Säugetieren ist vom Schultergürtel ausgehend aus Oberarmknochen, Elle und Speiche, Handwurzel-, Mittelhand- und Fingerknochen aufgebaut.
  - **Kriterium der Kontinuität:** Homologe Organe und Strukturen sind daran zu erkennen, dass sie durch Übergangsformen miteinander in Verbindung stehen.

    Die Entwicklung der Gehörknöchelchen der Säugetiere (Hammer, Amboss, Steigbügel) aus Schädel- und Kieferknochen der Fische lässt sich über Zwischenstufen bei Amphibien und Reptilien verfolgen.

- **Kriterium der spezifischen Qualität:** Organe sind unabhängig von ihrer Lage als homolog zu bezeichnen, wenn sie in mehreren besonderen Einzelheiten übereinstimmen.

  Zähne von Säugetieren und Schuppen in der Haut der Haifische weisen trotz ihrer unterschiedlichen Lage übereinstimmende Baumerkmale auf: Zahnschmelz überzieht das Zahnbein, beide Strukturen sind innen hohl.

- Homologien aus der **Embryologie:**
  - **Phylotypisches Stadium:** Frühe Embryonalstadien von Wirbeltieren verschiedener Klassen zeigen viele Ähnlichkeiten (z. B. Kiemenspaltenanlage, Röhrenherz), auch wenn die erwachsenen Tiere sehr verschieden sind.
  - **Biogenetische Grundregel** nach Ernst HAECKEL:
    In der Embryonalentwicklung eines Lebewesens (Ontogenese) werden einzelne, bestimmte Merkmale seiner stammesgeschichtlichen (phylogenetischen) Vorfahren angelegt, die dem Erwachsenenstadium fehlen.

    Hintergliedmaßen und Haarkleid beim Walembryo ⇒ an Land lebende Säugetier-Vorfahren; Embryonen von Vogel und Mensch mit verlängerter Schwanzwirbelsäule

- **Rudimente und Atavismen:**
  - **Rudimente** sind unvollständig ausgebildete, funktionslos gewordene Organe einer Art, die als „Überbleibsel" ehemals funktioneller Strukturen stammesgeschichtlicher Vorfahren gedeutet werden können.

    Reste von Hinterbeinen und Beckenknochen bei Walen, Restbehaarung beim Menschen

  - Treten bei einzelnen Individuen einer Art Merkmale wieder auf, die im Laufe der stammesgeschichtlichen Entwicklung zurückgebildet wurden, spricht man von **Atavismen**.

    Überzählige Brustwarzen, fellartige Behaarung beim Menschen, Pferde mit überzähligem Huf

Analogie („Funktionsähnlichkeit“)

Organe mit gleicher Funktion, aber unterschiedlichem Bauplan bezeichnet man als **analog**. Sie sind das Ergebnis von Anpassungsvorgängen an gleiche Umweltbedingungen. Eine derartige gleichgerichtete, aber voneinander unabhängig verlaufende Entwicklung von Organen wird **konvergent** genannt ⇒ Analogien können nicht als Nachweis stammesgeschichtlicher Verwandtschaft dienen.

- Grabbein von Maulwurf (Säugetier) und Maulwurfsgrille (Insekt)
- Sprossdornen bei Rosen und Blattdornen bei Berberitzen
- Stromlinienform des Körpers bei wasserbewohnenden Tieren wie Tintenfischen (Weichtiere), Fischen, Pinguinen (Vögel), Robben und Delfinen (Säugetiere)

16.3 Belege aus der vergleichenden Molekularbiologie

Als Maß für die Verwandtschaft zwischen Lebewesen kann auf molekularer Ebene die Ähnlichkeit von Proteinen, Übereinstimmungen der Aminosäuresequenz der Proteine sowie der Basensequenz der DNA herangezogen werden.

Proteine

Die Ähnlichkeit von Serumproteinen von Wirbeltieren lässt sich durch den **Präzipitintest** feststellen. Je ähnlicher die Serumproteine eines Testtieres denjenigen eines Bezugstiers sind, desto stärker ist die Ausfällung **(Präzipitation)** bei Vermischung des Blutserums des zu testenden Tieres mit (meist von Kaninchen gebildeten) Antikörpern gegen die Blutserumproteine des Bezugstieres.

Aminosäuren

Unterschiede in der Aminosäuresequenz eines Proteins verschiedener Arten geben aufgrund der ihnen zugrunde liegenden Mutationen Aufschluss über den Zeitraum, der seit der Abspaltung der Arten von einem gemeinsamen Vorfahren vergangen ist.

Aus den Unterschieden in den Aminosäuresequenzen der veränderbaren Bereiche des Cytochroms c (Enzym der Zellatmung) lässt sich ein Stammbaum aller aeroben Lebewesen aufstellen **(Cytochrom-c-Stammbaum)**.

DNA

Vergleich des Genotyps durch:

- **DNA-Hybridisierung:**
  - Isolierung von DNA zweier zu vergleichender Arten.
  - Bestimmung des Schmelzpunkts der artreinen DNA.
  - Mischen der beiden DNA-Proben.
  - Erhitzung (auf ca. 95 °C) und dadurch Lösen der Wasserstoffbrückenbindungen zwischen den komplementären Basen der DNA-Stränge ⇒ Trennung der DNA-Doppelstränge der Mischprobe in Einzelstränge („Schmelzen").
  - Beim Abkühlen Bildung von Hybridsträngen aus den DNA-Einzelsträngen der beiden Arten.
  - Bestimmung des Schmelzpunkts der Hybridstränge und Vergleich mit dem Schmelzpunkt artgleicher DNA.

  Je näher die Verwandtschaft zwischen den Arten, desto ähnlicher ist die Nukleotidsequenz ihrer DNA und desto mehr komplementäre Basenpaarungen sind möglich. Damit steigt auch die zur Auftrennung (der Wasserstoffbrücken) benötigte Temperatur. Je ähnlicher die Schmelzpunkte von Hybrid- und artgleicher DNA sind, desto enger ist die Verwandtschaft.
- **DNA-Sequenzvergleich:** Sequenzierung und Vergleich der Basensequenz. Je größer die Übereinstimmung der Basenabfolge, desto näher die Verwandtschaft.

17 Evolutionstheorien nach LAMARCK und DARWIN

Artwandel und Artenvielfalt

durch aktive Anpassung ⇓ LAMARCK

passiv durch Selektion ⇓ DARWIN

Nach den Theorien von Jean-Baptiste DE LAMARCK (1744–1829) und Charles DARWIN (1809–1882) kommt es im Laufe der Stammesgeschichte zu einem **Wandel der Arten** durch Anpassung an sich ändernde Umweltbedingungen.

17.1 LAMARCKS Theorie der Evolution

⇒ Schrittweise **aktive** Anpassung der Arten.

Grundsätze der Theorie:

- Ständiger Gebrauch von Organen lässt diese größer und stärker werden; bei Nichtgebrauch verkümmern sie.
- Erworbene Anpassungen werden vererbt.
- Treibende Kraft ist ein „Vervollkommnungstrieb“ (Streben nach Anpassung).

17.2 DARWINS Theorie der Evolution

⇒ **Passiver** Artwandel durch Selektion.

Grundsätze der Theorie:

- Alle Arten haben mehr Nachkommen, als für die Erhaltung der Art notwendig sind (Überproduktion).
- Die Individuen einer Art unterscheiden sich (Variabilität). Viele Unterschiede sind erblich.
- Im Überlebenskampf/Konkurrenzkampf (struggle for life) haben die verschiedenen Individuen ungleiche Chancen.
- Die am besten an die Umwelt angepassten Individuen einer Art überleben (survival of the fittest) = **natürliche Auslese (Selektion)**.
- Vorteilhafte Eigenschaften werden vererbt und so immer häufiger unter den Individuen einer Art (Artwandel).

18 Synthetische Theorie der Evolution

Vereinigung **(Synthese)** der Theorien DARWINs mit Erkenntnissen aus fast allen Bereichen der Biologie (Genetik, Ökologie, Ethologie), wobei nicht wie bei DARWIN die Art, sondern die **Population** im Zentrum der Evolutionsvorgänge steht. Das Zusammenwirken mehrerer **Evolutionsfaktoren** beeinflusst dabei die Zusammensetzung des **Genpools** einer Population:

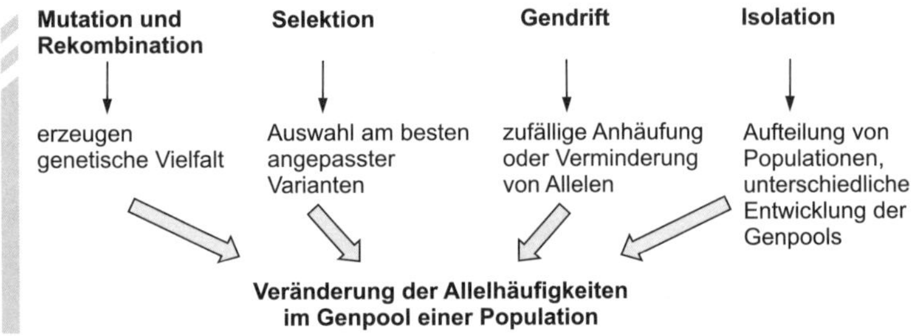

18.1 Grundlagen

Als **Genpool** bezeichnet man die Gesamtheit aller Allele (Ausprägungsformen eines Gens) einer Population. Eine **Population** besteht aus einer Gruppe von Individuen einer Art, die zur gleichen Zeit im gleichen Raum leben und eine Fortpflanzungsgemeinschaft bilden. Verändern sich die Allelfrequenzen (-häufigkeiten) im Genpool einer Population, spricht man von **Evolution**.

18.2 Mutation und Rekombination als Ursachen genetischer Variabilität

Zufällige Mutationen und Rekombinationen erzeugen die **genetische Variabilität** innerhalb einer Population.

- Durch **Mutationen** (zumeist Genmutationen) wird die Basenfolge der DNA verändert, sodass neue Allele eines Gens entstehen können $\Rightarrow$ Vergrößerung des Genpools.

- Durch **Rekombination** können neue Allelkombinationen gebildet werden, die zu neuen Phänotypen führen.

18.3 Selektion als richtender Evolutionsfaktor

An diesen Varianten setzt die natürliche Auswahl **(Selektion)** an und wählt die an die momentanen Umweltbedingungen bestangepassten Varianten aus. Die Selektion zeigt sich darin, dass Träger bestimmter Phänotypen einen größeren Fortpflanzungserfolg haben als andere. Diese Individuen weisen eine größere **individuelle Fitness** auf ⇒ Der Beitrag, den sie zum Genpool der nächsten Generation leisten können, ist größer als bei Individuen, die weniger gut an die Umwelt angepasst sind. So ergibt sich eine gerichtete **Verschiebung der Allelhäufigkeiten**, die dem betreffenden Phänotyp zugrunde liegen, im Genpool einer Population.

Nach der Richtung, in die der Selektionsdruck wirkt, lassen sich **drei Selektionsformen** unterscheiden:

- **Transformierende (richtende) Selektion:** Bei veränderten Umweltbedingungen ⇒ Varianten, die vom Durchschnittstyp abweichen, erhalten oft einen Selektionsvorteil oder -nachteil. Einseitiger Selektionsdruck führt zur Verschiebung der Merkmale der Population in eine bestimmte Richtung.

  Industriemelanismus beim Birkenspanner

- **Stabilisierende Selektion:** Bei lang andauernden stabilen Umweltbedingungen ⇒ optimale Angepasstheit einer Population wird weiter gefestigt. Selektionsdruck wirkt gegen neu auftretende Varianten, die gegenüber dem Durchschnittstyp schlechter angepasst sind.

  Lebende Fossilien, z. B. Quastenflosser

- **Disruptive (spaltende) Selektion:** Bei veränderten Umweltbedingungen ⇒ extreme Varianten erhalten einen Selektionsvorteil, während Durchschnittsform benachteiligt ist. Population spaltet sich in Teilpopulationen auf ⇒ Artaufspaltung möglich, wenn diese sich nicht mehr vermischen.

  Darwinfinken

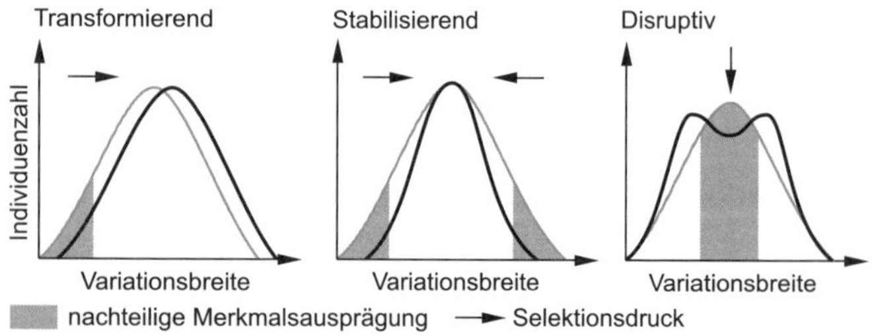

Überblick über die Selektionsformen

Selektionsfaktoren

Selektionsfaktoren sind abiotische und biotische Umwelteinflüsse, die eine gerichtete Verschiebung der Allelhäufigkeiten auslösen.

- **Abiotische Selektionsfaktoren:** Faktoren der unbelebten Umwelt: Klima, Boden, geografische Lage
  - Auf sehr windigen Inseln überleben stummelflügelige oder flügellose Insekten (z. B. Fliegen) eher als geflügelte, die aufs Meer hinaus geweht werden können.
  - Tierarten in kalten Regionen sind oft größer und schwerer **(Bergmannsche Regel)** und weisen im Verhältnis kleinere Körperanhänge (Schwanz, Ohren; **Allensche Regel**) auf als verwandte Arten in warmen Gebieten.
- **Biotische Selektionsfaktoren:** Faktoren der belebten Umwelt: Fressfeinde, Beute, Konkurrenz, Einflüsse des Menschen
  - **Fressfeinde und Beute:**
    - **Tarnung:** Schützt vor Entdecktwerden, z. B. durch Färbung und Musterung, die der Umgebung entspricht; Mimese: Tarnung durch Nachahmung von Gegenständen/Pflanzen.

      Stabheuschrecken, Spannerraupen
    - **Warnfarben:** Signalisieren Fressfeinden Gefährlichkeit.

      Gelb-schwarze Färbung der Wespen.
    - **Mimikry (Scheinwarntracht):** Nachahmung gefährlicher Arten mit Warnfarben durch völlig harmlose Organismen.

      Schwebfliegen ahmen Wespen nach.

- **Konkurrenz:** Wettbewerb von Lebewesen um knappe Ressourcen.
  - **Interspezifische (zwischenartliche) Konkurrenz:** Konkurrenz zwischen Individuen unterschiedlicher Arten. Da eine **ökologische Nische** (Gesamtheit aller Umweltfaktoren, die einer Art das Überleben in ihrem Lebensraum ermöglichen) nur von einer Art besetzt werden kann, werden weniger gut angepasste Arten verdrängt **(Konkurrenzausschlussprinzip)** oder besetzen eine andere ökologische Nische **(Konkurrenzvermeidung durch Einnischung)**.

    Verdrängung des Beutelwolfs in Australien durch den Dingo (verwilderter Haushund)
  - **Intraspezifische (innerartliche) Konkurrenz:** Konkurrenz zwischen Individuen derselben Art. Konkurrenz um Geschlechtspartner besonders bedeutsam: Fortpflanzungserfolg eines Männchens hängt bei vielen Arten von der Wirksamkeit seiner sexuellen Auslöser ab. **Sexuelle Selektion** führt zur Herausbildung bestimmter Merkmale zur Anlockung von Weibchen und zur Einschüchterung von Rivalen (⇒ Geschlechtsdimorphismus).

    Große Geweihe bei Männchen vieler Hirscharten, Prachtgefieder bei Männchen vieler Vogelarten
- **Koevolution:** Wechselseitige Anpassung **(Koadaptation)** zweier Arten, die über lange stammesgeschichtliche Zeiträume jeweils aufeinander einen starken Selektionsdruck ausüben.
  - **Symbiotische Beziehung:** Vorteile für beide Partner.

    Blütenpflanze (wird fremdbestäubt) und Bestäuber (Zugang zu ergiebiger Nahrungsquelle).
  - **Parasit-Wirt-Beziehung:** Ein Partner (Parasit) profitiert auf Kosten des anderen (Wirt) ⇒ koevolutives „Wettrüsten“.

    Der Kuckuck unterlässt eigene Brutpflege und legt seine Eier in Nester von Singvögeln, die dadurch geschädigt werden (Verlust von Brut und Ressourcen zur Aufzucht eigener Jungen).
- **Einflüsse des Menschen:**
  - **Industriemelanismus:** In Industrieregionen setzen sich bei manchen Arten dunkel gefärbte Mutanten gegen heller gefärbte

Individuen durch, da sie auf durch Verschmutzungen dunkel gefärbten Flächen besser getarnt sind.

Birkenspanner, Stadttauben

- **Künstliche Auslese** bei der Domestikation von Tieren und Pflanzen: Mensch entzieht Haustiere und Nutzpflanzen weitgehend den natürlichen Umweltbedingungen und wählt Individuen, die zur Fortpflanzung kommen sollen, nach züchterischen Gesichtspunkten aus ⇒ starker Selektionsdruck führt in kurzer Zeit zu vielen verschiedenen Rassen einer Art.

Hunde- und Hühnerrassen, Zuchtformen von Rosen und Kohl

18.4 Gendrift als Zufallsfaktor

Gendrift (Allelendrift): Zufällige und schnelle Anreicherung oder Verminderung von seltenen Genen im Genpool einer kleinen Population, unabhängig vom Selektionswert der betreffenden Allele ⇒ ungerichtete Veränderung des Genpools, Verringerung der genetischen Vielfalt.

- **Gründer-Effekt:** Wenige Individuen einer Art besiedeln einen neuen Lebensraum. Ihr Genpool ist klein und enthält eine zufällige Auswahl von Genen.

  Sturmverwehung körnerfressender Bodenfinken auf die Galapagosinseln (Darwinfinken)

- **Flaschenhals-Effekt:** Durch eine Katastrophe (z. B. Dürre, Kälte, Überschwemmung) wird die Population stark verkleinert. Die Restpopulation verfügt über einen zufälligen Genbestand.

  Reduktion der Geparde vor ca. 10 000 Jahren auf eine extrem kleine Restpopulation

Stark verminderte genetische Variabilität der kleinen Populationen reagieren oft extrem auf veränderte Umweltbedingungen.

- Auffällig gefärbte Varianten können sich schnell durchsetzen, wenn in neu besiedeltem Gebiet der Selektionsfaktor Fressfeind fehlt.
- Population kann aussterben, wenn die genetische Ausstattung zu geringerer Widerstandsfähigkeit gegen Krankheitserreger führt.

19 Die Entstehung neuer Arten

Neue Arten entstehen immer aus bereits existierenden Arten.

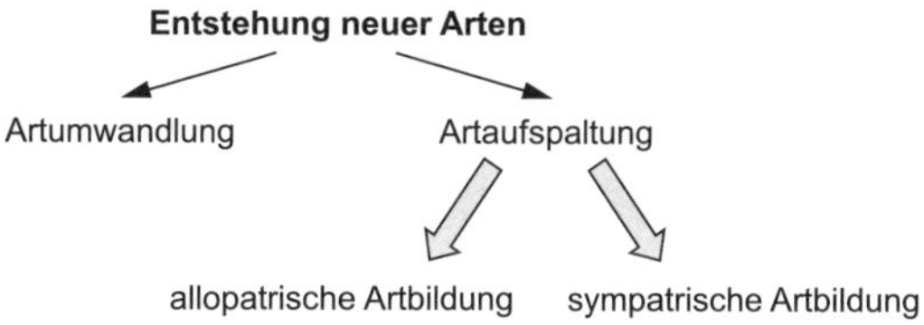

19.1 Artumwandlung (Anagenese)

Fortschreitende Verschiebung der Allelfrequenz des Genpools über einen längeren Zeitraum hinweg durch eine **transformierende Selektion**. Dabei kommt es nicht zu einer Erhöhung der Artenzahl.

19.2 Artaufspaltung

Die Entstehung der Artenvielfalt setzt eine Artaufspaltung voraus, bei der aus einer Ursprungsart zwei oder mehrere neue Arten entstehen, die reproduktiv voneinander isoliert sind.

Reproduktive Isolationsmechanismen

Reproduktive Isolationsmechanismen verhindern den Genaustausch zwischen Individuen unterschiedlicher Arten, auch bei Vorkommen im gleichen Verbreitungsgebiet. Sie sind Folge der Artaufspaltung.

- **Mechanische Isolation:** Unterschiede in Körpermerkmalen machen Paarung nicht artgleicher Individuen unmöglich.

  Begattungsorgane vieler Insekten, Spinnen und Tausendfüßler

- **Ethologische Isolation:** Verhaltensunterschiede verhindern Partnerfindung oder Paarung.

  Verschiedene Möwenarten erkennen sich an der Augenfarbe, Leuchtsignale von Glühwürmchen sind artspezifisch.

- **Zeitliche Isolation:** Nahe verwandte Arten sind zu unterschiedlichen Zeiten sexuell aktiv.

  Grasfrösche im zeitigen Frühjahr, Teichfrösche im späten Frühjahr

- **Bastardunterlegenheit:** Mischlinge zwischen Arten haben geringere oder keine Fortpflanzungschancen.

  Maulesel und Maultiere (Mischung Pferd – Esel) sind unfruchtbar.

Allopatrische Artbildung

Infolge einer räumlichen Trennung **(Separation)** von Populationen entstehen neue Arten durch Unterbrechung des Genflusses. Dabei wirken innerhalb der getrennten Teilpopulationen Mutation, Rekombination und unterschiedliche Selektionsdrücke auf den Genpool und führen schließlich zur reproduktiven Isolation.

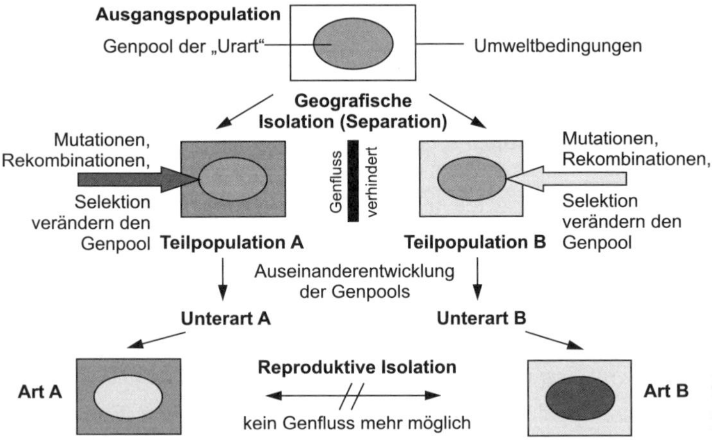

Mechanismus der Artentstehung

Vorgänge, die zur Separation führen können:

- **Geologische Ereignisse**

  Auseinanderdriften der Kontinente, Talbildungen

- **Drastische Klimaveränderungen**

  Vergletscherung, Wüstenbildung

- **Verschleppung (Gründerprinzip)**

  Stürme oder Meeresströmungen, die wenige Individuen einer Art verschleppen

Sympatrische Artbildung

Entstehung neuer Arten im selben Verbreitungsgebiet durch Unterbrechung des Genflusses zwischen einzelnen Individuen einer Population.

- Erhalten pflanzliche Individuen infolge einer Genommutation einen zusätzlichen Chromosomensatz **(Polyploidisierung)**, so können diese mit den übrigen Pflanzen der Population keine fruchtbaren Nachkommen zeugen. Durch Selbstbestäubung oder auf ungeschlechtlichem Weg kann aber eine neue, reproduktiv von der Ursprungspopulation isolierte Population entstehen.
  ⇒ Tetraploider Roggen
- Innerhalb einer Population entwickeln Weibchen eine Präferenz für bestimmte Männchenformen oder Eiablageplätze.
  ⇒ Unterschiedlich gefärbte Buntbarscharten im ostafrikanischen Victoriasee, Eiablage der Apfelfruchtfliege auf Weißdorn- bzw. Apfelfrüchten
- Besetzung unterschiedlicher ökologischer Nischen durch Individuen einer Gründerpopulation innerhalb eines Lebensraums.
  ⇒ Buntbarscharten im Apoyo-Kratersee in Nicaragua

Adaptive Radiation

Aufspaltung (Auffächerung) einer wenig spezialisierten Ausgangsart in mehrere an unterschiedliche **ökologische Nischen** angepasste (spezialisierte) Arten. Die adaptive Radiation kann sich dabei als Reihe allopatrischer Artbildungen (z. B. durch Besiedlung ökologisch unterschiedlicher benachbarter Inseln und Anpassung) oder auch als sympatrische Artbildung (z. B. durch die Bildung neuer ökologischer Nischen innerhalb eines neuen Lebensraums) vollziehen.

Darwinfinken auf den Galapagos-Inseln, Beuteltiere in Australien, Buntbarsche im Victoriasee (Ostafrika)

20 Entwicklung des Lebens auf der Erde

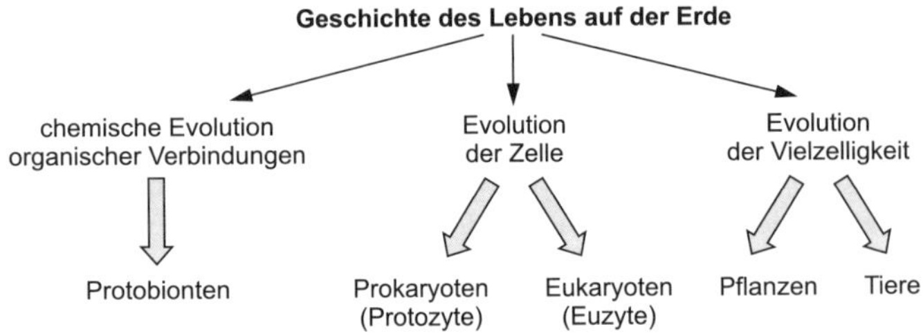

20.1 Entstehung von Protobionten durch chemische Evolution

Vier-Stadien-Hypothese:

- Bildung kleiner **organischer Moleküle** (z. B. Aminosäuren, Nukleotiden) aus anorganischen Verbindungen.

  Simulationsversuch von MILLER und UREY konnte zeigen, dass sich unter Bedingungen der Uratmosphäre (hohe Energiezufuhr und Abwesenheit von Sauerstoff) aus Gasen (H_2O, H_2, NH_3, CH_4) einfache organische Moleküle (z. B. Essigsäure, Aminosäuren, Zucker) bilden.

- Verknüpfung dieser Biomonomere zu polymeren **Makromolekülen** (z. B. Proteine, Nukleinsäuren).
- Entwicklung sich **selbst replizierender Moleküle**. Da RNA durch räumliche Faltung katalytisch aktiv sein kann **(Ribozyme)**, könnte sie als Informationsspeicher (Proteinbiosynthese) sowie als Katalysator für die eigene Replikation zuerst entstanden sein ⇒ möglicherweise über doppelsträngige RNA-Formen Entwicklung und Etablierung der stabileren DNA als Informationsspeicher.
- Bildung eines **abgeschlossenen Reaktionsraums** (Kompartiments) durch Umhüllung dieser Moleküle mit einer Membran.

⇒ **Ergebnis:** Hypothetische membranumgrenzte Vorläufer von Zellen **(Protobionten)** mit einem einfachen Stoffwechsel und einem Vererbungsmechanismus.

20.2 Die Entwicklung der Zelle

Prokaryoten

- Erste nachgewiesene Lebewesen vor ca. 3,5 Mrd. Jahren; Vorfahren der heute lebenden Bakterien, Cyanobakterien und Archeen.
- Erste Prokaryoten ernährten sich **heterotroph** durch Aufnahme organischer Substanzen. Später entwickelten sich Formen, die energiereiche organische Stoffe durch Chemo- bzw. Fotosynthese selbst herstellen konnten (**Autotrophie**).

Eukaryoten

- Abstammung vermutlich von Prokaryoten, erstes Auftreten vor ca. 1,8 Mrd. Jahren.
- Entstehung der Euzyte:
  - Entstehung des **Zellkerns** mit seiner Kernhülle möglicherweise aus Einstülpungen der Zytoplasmamembran, die das genetische Material umschlossen.
  - Endozytose kleinerer Prokaryoten, die aber nicht verdaut wurden, sondern eine dauerhafte Symbiose eingingen, führte zur Entwicklung zunächst der **Mitochondrien** aus einem aeroben, heterotrophen Prokaryoten und später zur Evolution der pflanzlichen **Chloroplasten** aus der Endosymbiose mit einem fotoautotrophen Prokaryoten (**Endosymbionten-Theorie**).

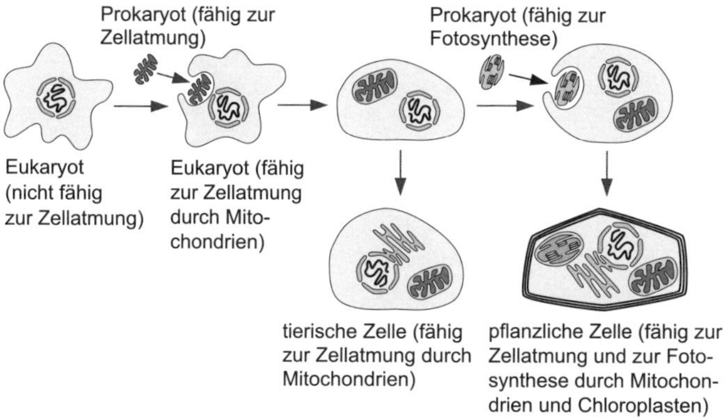

Belege: Mitochondrien und Plastiden …
- entstehen nur durch Zweiteilung.
- weisen eine Doppelmembran auf: Die äußere Membran entspricht der Phagosomenmembran, die innere ähnelt den Membranen von Bakterien.
- besitzen eigene DNA und eigene Ribosomen.

20.3 Die Entwicklung der Vielzelligkeit

- Entwicklung vor ca. 1 Mrd. Jahren, vermutlich mehrmals unabhängig voneinander (konvergent), aus Zellkolonien eukaryotischer Einzeller (Protisten).
- Zellkolonien könnten durch Aneinanderhaften der Schwesterzellen nach der Mitose entstanden sein.
- **Selektionsvorteil** des vielzelligen Aufbaus eines Organismus: Zunehmende Größe schützt vor Fressfeinden, ermöglicht stärkere Differenzierung und Arbeitsteilung der Zellen.
- **Nachteil:** Begrenzung der Lebensspanne (Alterstod); aufgrund starker Differenzierung sind nur die Keimzellen potenziell unsterblich.
- Entstehung der Landpflanzen (Moose, Farne, Samenpflanzen) vermutlich vor ca. 500 Mio. Jahren aus Grünalgen mit Präadaptationen an das Landleben.
- Tiere könnten vor ca. 700 Mio. Jahren aus einer begeißelten Protistenkolonie hervorgegangen sein, die sich über mehrere Zwischenstufen zu einem „Urtier“ mit Verdauungshöhle entwickelt haben könnte.

21 Evolution des Menschen

21.1 Stellung des Menschen im natürlichen System

Menschen sind Primaten. Sie bilden mit ihren nächsten Verwandten, den anderen großen Menschenaffen (Schimpansen, Gorillas und Orang-Utans), die Familie der **Hominiden**. Der Mensch ist der einzige noch lebende Vertreter der Gattung Homo.

Ordnung: Primaten
Familie: Hominiden
Gattung: Homo (Mensch)
Art: *Homo sapiens*

21.2 Mensch und Menschenaffen im Vergleich

Merkmal	Mensch	Menschenaffen
Anzahl Chromosomen	46 (Chromosom 2 gleicht zwei kurzen Chromosomen der Menschenaffen)	48
Blutgruppen	AB0-System	AB0-System
Schädel	• großer Gehirnschädel • Gehirnvolumen: ca. 1 450 cm^3 • relativ steile Stirn • Nasenvorsprung	• kleiner Gehirnschädel • Gehirnvolumen: ca. 350 cm^3 • fliehende Stirn, Überaugenwülste • Schnauze

Schädel	• Hinterhauptsloch zentral an der Schädelunterseite • vorspringendes Kinn	• Hinterhauptsloch im hinteren Schädelbereich • fliehendes Kinn
Gebiss	• Kiefer in V-Form (parabolisch) • geschlossene Zahnreihe	• Kiefer in U-Form • Zahnreihe mit (Affen-) Lücke
Zähne	• gleiche Zahnformel • kleine Eckzähne • Backenzähne mit 5 Höckern	• gleiche Zahnformel • dolchartige Eckzähne • Backenzähne mit 5 Höckern
Wirbelsäule	doppelt-S-förmig	C- bzw. S-förmig
Brustkorb	breit, abgeflacht	breit, abgeflacht
Becken	breit, kurz, schüsselförmig	schmal, lang
Hände	Greifhand; opponierbarer langer Daumen: Präzisionsgriff	Greifhand; opponierbarer kurzer Daumen
Füße	Standfuß	Greiffuß
Fortbewegung	aufrechter, zweibeiniger Gang	vierbeiniger Gang

Vergleich der Merkmale von Mensch und Menschenaffen; Gemeinsamkeiten

21.3 Stammesgeschichtliche Entwicklung zum *Homo sapiens*

Hangler-Stadium auf Bäumen

Urprimaten lebten überwiegend auf Bäumen in tropischen Regenwäldern Afrikas. Sie zeigten bereits **(Prä-)Adaptationen**, die einen Selektionsvorteil für die spätere stammesgeschichtliche Entwicklung zum zweibeinigen, aufrecht gehenden Bodenbewohner darstellten.

Angepasstheiten:
- hangelnde Fortbewegung
- gutes räumliches Sehen durch nach vorne gerichtete Augen
- leistungsfähiges Kleinhirn zur Bewegungskoordination

- gut bewegliche Arme und Hände
- quer-ovaler Brustkorb

Übergang zum Bodenleben in der Savanne

Vor ca. 7–5 Mio. Jahren führte ein Temperaturrückgang und Trockenheit zum Rückzug der tropischen Regenwälder in Afrika. Es entstanden baumdurchsetzte Savannen.
Im Zeitraum vor 4 bis 1 Mio. Jahren entwickelten sich dort mehrere Arten der Gattung **Australopithecus** (Vormenschen) sowie der Gattung **Homo** (Frühmenschen).

Angepasstheiten:
- Fortbewegung durch aufrechten, zweibeinigen Gang
- Hände werden frei als Werkzeuge, Präzisionsgriff
- leistungsfähige Augen, räumliches Sehen
- Körpergröße nimmt zu:
  - größere Schrittlänge beim Laufen
  - größeres Körpervolumen senkt Wärmeverlust

Entwicklung zum *Homo sapiens*

Bei den Arten der Gattung Homo, die sich in den vergangenen 2 Mio. Jahren entwickelten, kam es zu einer **Vergrößerung des Gehirnvolumens** von etwa 600 cm^3 beim *Homo habilis* bis zu ca. 1 450 cm^3 beim *Homo sapiens* (erstes Auftreten vor ca. 150 000 Jahren).

Hypothesen zur **Ursache der Gehirnvergrößerung:**
- **Proteinreiche Nahrung** (Fleisch, Aas) ermöglichte den Aufbau eines größeren, leistungsfähigeren Gehirns.
- Herstellung und Gebrauch von **Werkzeugen** und die Gehirngröße bedingten und verstärkten sich gegenseitig.
- Zunahme der Gehirngröße brachte Vorteile, da dadurch differenzierte **Sprache** möglich wurde, die bessere Organisation, Planung und Absprache in der Gruppe ermöglichte.

Kulturelle und soziale Evolution des Menschen

Sprache erlaubt die Weitergabe erworbenen Wissens. Bewährte, vorteilhafte Ideen, Kenntnisse und Fertigkeiten werden bevorzugt weitergegeben, sammeln sich über Generationen an und werden zum **Kulturgut** einer Gruppe. Mit Erfindung der **Schrift** erreichte die Möglichkeit zur Speicherung von Informationen eine neue Dimension.

21.4 Hypothesen zum Ursprung des heutigen Menschen

- Alle heute lebenden Menschen stammen vermutlich von einer *Homo-sapiens*-Population ab, die sich aus einer afrikanischen Population von *Homo erectus* vor weniger als 200 000 Jahren entwickelte und vor etwa 100 000 Jahren von Afrika ausgehend die ganze Welt besiedelte **(Out-of-Africa-Hypothese)**. Dabei verdrängten die modernen Menschen durch Konkurrenz um die gleiche ökologische Nische den *Homo erectus* sowie den *Homo neanderthalensis*.
- Die geringen genetischen Unterschiede zwischen den heute lebenden Menschen sowie Untersuchungen der mitochondrialen DNA stellen die **Hypothese eines multiregionalen Ursprungs**, derzufolge der moderne Mensch in unterschiedlichen Regionen aus verschiedenen Unterarten des *Homo erectus* weitgehend unabhängig voneinander entstanden sein soll, infrage und stützen die Out-of-Africa-Hypothese.

Stichwortverzeichnis

Notizen

Notizen